CARTE OV LISTE

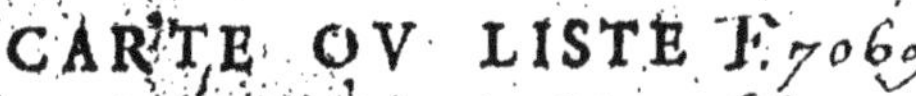

Contenante le prix de chacun Marcq, Once, Estrelin, & Aes poids de Troyes de toutes les especes d'or & d'argent deffendues, legieres, ou trop ysées, & moyennant ce declarées pour billon, comme les Maistres des monnoies & Changeurs sermentez sont tenuz d'en payer pour iceulx, selon l'Ordonnance de leurs Altezes sereniss. faicte par les Maistres generaulx des Monnoies au mois d'Octobre 1619.
Auec les figures des mesmes monnoyes.

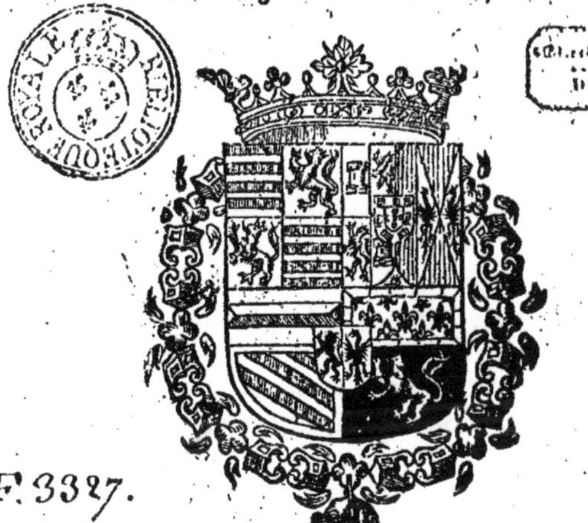

EN ANVERS,
Chez Hierosme Verdussen, Imprimeur des monnoyes de leurs Altezes Sereniss. nos Princes souuerains, demeurant en la rue dicte Cammerstrate, à l'enseigne du Lion rouge 1620. *Auec Grace & Priuilege.*

CARTE OV LISTE

Contenante la declaration du prix & valeur intrinsicq; de chacun marcq, once, estrelin, & as poids de Troyes, des deniers d'or & d'argent cy apres declarez, estans deffenduz, legiers, ou biẽ trop vsez, & moyennãt ce tenuz & reputez pour billõ, cõme sont tenuz les Maistres particuliers des Monnoyes de leurs Altezes sereniss. pardeça, ensemble les Changeurs & Collecteurs d'iceulx à ce commis & sermentez, le payer à vng chacun, qui leur presenteront ou liureront aulcuns d'iceulx, le tout à raison & suyuant le taulx & pris de la Monnoye à ce ordonné par leursdits Altezes: à sçauoir de deux cẽts quatrevingtz & cincq florins le marcq d'or fin, & vingt & trois florins & deux pattars le marcq d'argent fin de haulte alloy, contenant dix deniers douze grains & endessus: & pour aultres especes de basse alloy, & endessoubz de dix deniers & douze grains, pour estre couerties en pieces de trois patars, à l'aduenant de vingt & trois florins & nœuf pattars ledit marcq d'argẽt fin, aillié au pied desdicts pieces de trois patars. Sans que par lesdits Maistres particuliers en pourrat estre faicte aulcune deductiõ pour fraiz de fonte, ailliaige, ou aultrement, & par lesdits Changeurs tant seullement leur salaire accoustumé, à sçauoir le quaratiesme denier de tout ce qu'ilz chãgeront, ne fut toutesfois qu'ilz eussent excuse legitime au contraire, si comme pour trouuer lesdites pieces empirées d'alloy ou aultremẽt: faict & de nouueau dressé par les Maistres generaulx des monnoyes au mois d'Octobre seizecens & dixnœuf.

Monnoye

Monnoye d'or.

Reaulx d'or, vieulx Angelotz, Nobles à la Rose & Henry d'Angleterre, grandz Crusats de Portugal, grandz Reaulx d'Austrice & ses parties, Rydres de Bouegoigne, Salutz, Thoisons d'or, & aultres pieces de mesme alloy:

Le marcq ij^c. iiij^xx. i. florins, x. patars, xxxv. mites.
L'once xxxv. flor. iij. pat. xl. mit.
L'estrelin xxxv. pat. ix. mit.
L'aes i. pat. iiij. mit.

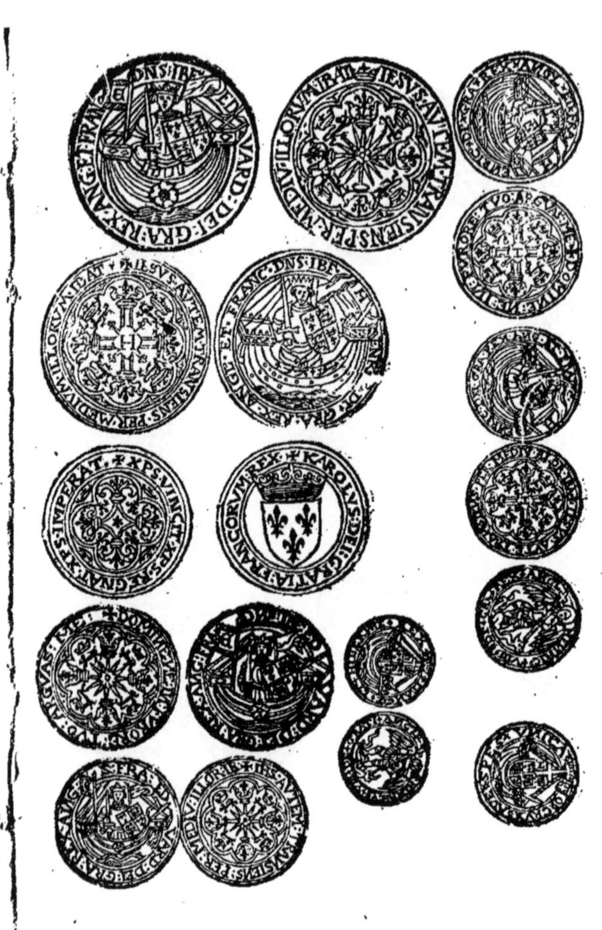
IESVS·AVTEM·TRANSIENS·PER·MEDIVM·ILLORVM·IBAT
XPS·VINCIT·XPS·REGNAT·XPS·IMPERAT
KAROLVS·DEI·GRATIA·FRANCORVM·REX

Doubles & singles Ducatz d'Espaigne n'estans contrefaictz ceulx de leurs Altezes sereniss. & aultres que sensuiuent.

Marcq ij^{c}.iiij^{xx}. flor.x.pat.xiv.mit.
Once xxxv.flor.i.pat.xvij.mit.
Estrelin xxxv.pat.iij.mit.
Aes i.pat.iiij.mit.

B

Nobles & demy Nobles à la rose forgées ès Prouinces vnies, Nobles à la rose d'Escosse, & aultres pieces de semblable alloy:

Marcq ii^c.lxxix.flor.xj.pat.vij.mit. Once xxxiiij.flor.xviij.pat.xliij.mit, 23 car 6 1/.. gr

Estrelin xxxiiij.pat.xlv.mit., Aes i.pat.iiij.mites.

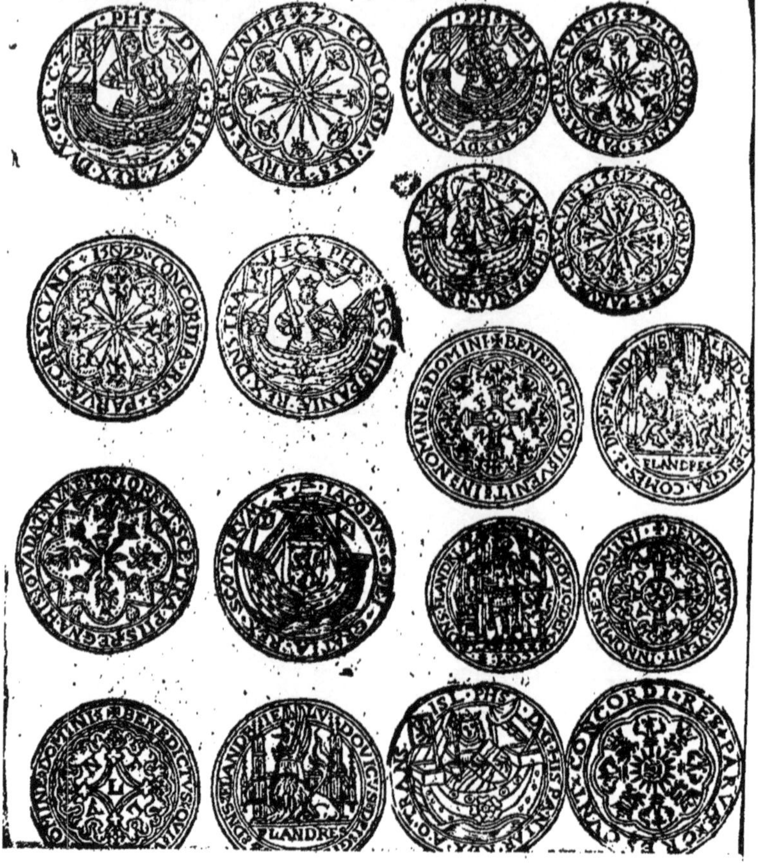

Doubles & fingles Ducats d'Italie, d'Allemaigne, Hongarie, Boheme, Peloigne, Turquie, des Prouinces vnies aux lettres, & aultres forgez au mesme pied n'estans contrefaictz & aultres pieces de mesme alloy:

Marc ij^c.lxxix.flor.i.pat.xij.mit. Once xxxiiij flor.xvij pat.xxxij.mit.
Estrelin xxxiiij.pat.xlij.mit. Aes i.pat.iiij.mit.

HERCVLES DVX FERRARIE
D F M
SANCTVS CONSTANTINVS
LVDOVICVS M SF
S PETRVS S PAVLVS
ROMA
LEO X PONTIFEX MAXIMVS

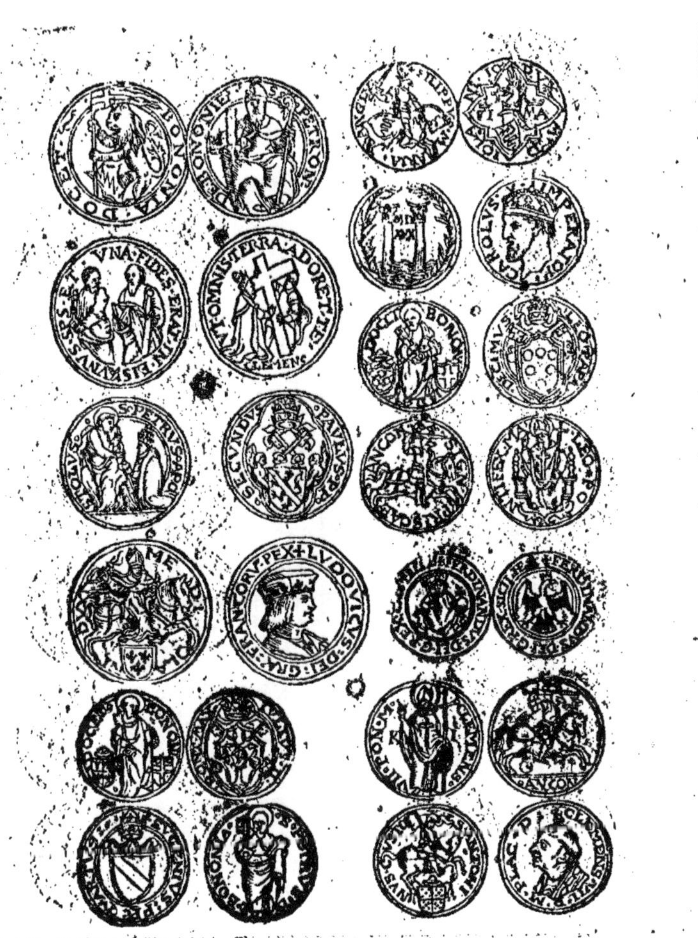
BONONIA·DOCET
S·PETRON
VNA·FIDES·ERAT·IN
VT·OMNIS·TERRA·ADORET·TE
CLEMENS
S·PETRUS
PAULUS·PP
SECUNDUS
LUDOVICUS
DEI·GRA
CAROLUS
IMPERATOR

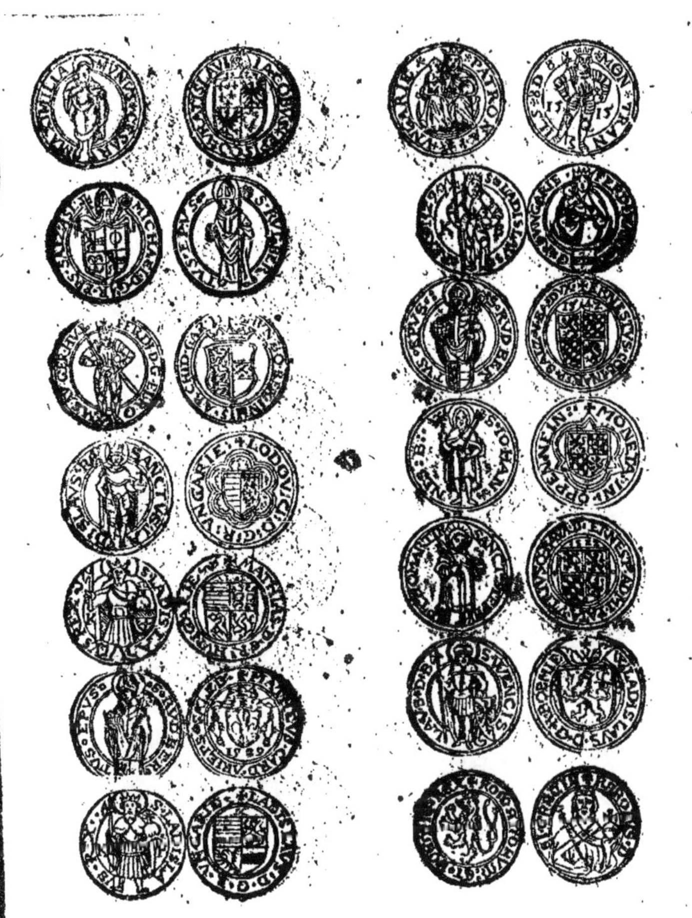

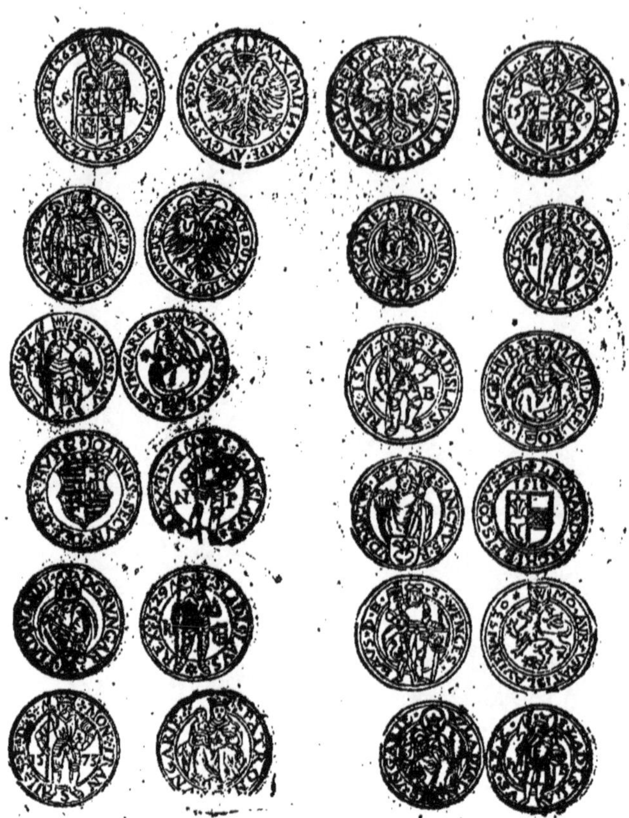

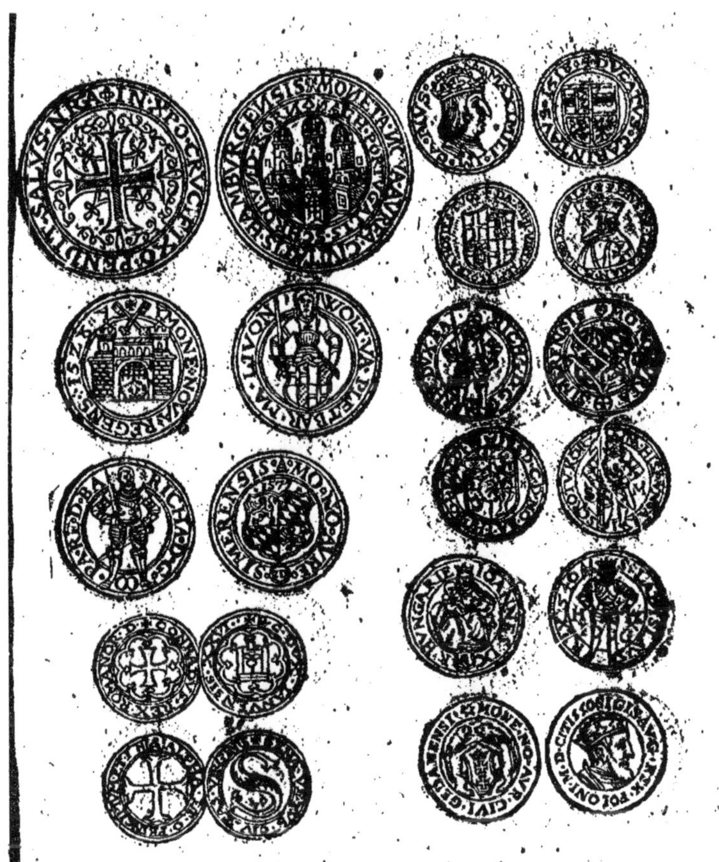

Doubles & singles Ducatz de Frize, Transysule, & aultres contrefaicts à la forme de ceulx d'Espaigne, Ducatz d'Est à la maniere de ceulx d'Hongarie, & aultres de mesme alloy:

Marcq iiᵉ. lxxvii flor. xi. pat. xxvii. mit. Once xxxiiii. flor. xiii. pat. xlv. m. Estrelin xxxiiii. pat. xxiii. mit. Aes i. pat. iiii. mit.

Les Ducatz d'Augustinus Spinola & aultres pieces de semblables alloys:

Marc ijc.lxxiij.flor.ij.pat.xxiiij.mit. Once xxxiiij.flor.ij.pat.xxxix.mit

Estrelin xxxiiij.pat.vj.mit. Aes i.pat.iij.mit.

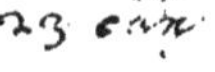

Nobles de Flandres & Lyons d'or vieulx & nouueaux, Schuytkens, & les Angelotz d'Angleterre auec vn O sur la naif, & aultres pieces de mesme alloy:

Marcq ijc.lxx.flor.iij.pat.vj.mit. Once xxxiij.flor.xv.pat.xix mit.

Estrelin xxxiij.pat.xxxvij.mit. Aes i.pat.ij.mit.

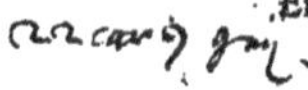

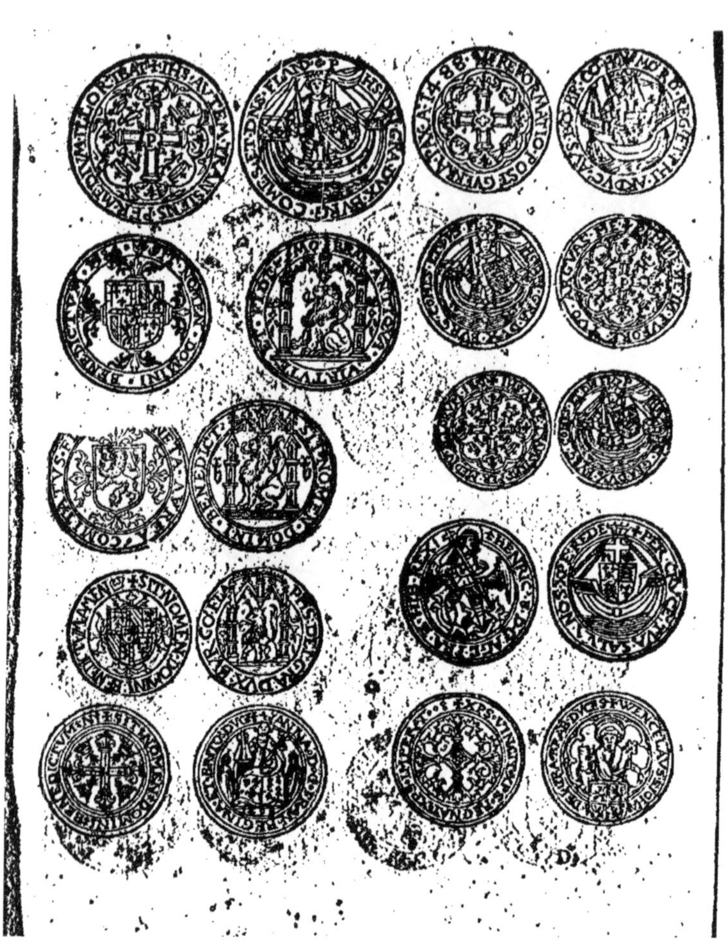

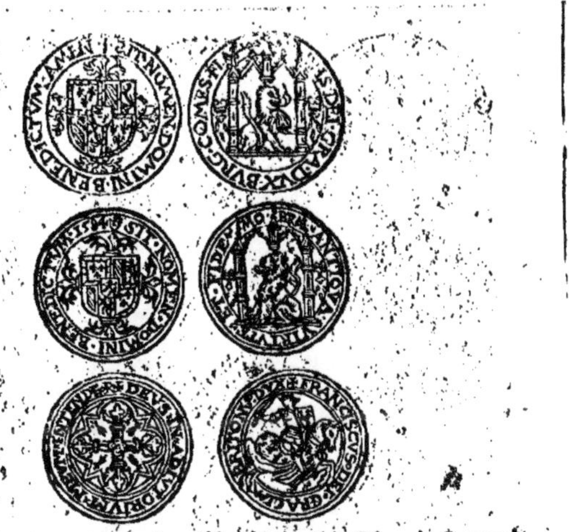

Les Escuz de France les vns portans les aultres, & les Escuz de Portugal à la courte Croix:

Marcq ii^c. lxv. flor. xiiij. pat. iij. mit.	Once xxxiij. flor. iiij. pat. xij. mit.
Estrelin xxxiij. pat. x. mit.	Aes i. pat. ij. mit.

Les Escuz de pardeça forgez tant du temps de feu sa Maiesté Imperiale, que de sa Maiesté Catholicque de glorieuse memoire.

Marcq ij^c.lxiij.flor.xiiij.pat.xxiij.mit. Once xxxij.flor.xix.pat.xvj.mit.

Estrelin xxxij.pat.xlvj.mit. Aes I.pat.i.mit.

¶ Les Escuz de Portugal à la longue Croix, les Millerez, les demy, leurs doubles cinquiesmes, doubles & quadruples desdits doubles cinquiesmes, Angelotz contrefaictz à Thore & aultres pieces de semblable alloy:

Marcq ij^{c}.lxj.flor.v.pat. ✠ Once xxxij.flor.xiij.par.vj.mit.

Esterlin xxxij.pat,xxxj,mit. Aes i,pat,i,mit.

Pistoletz d'Espaigne singles, doubles, & quadruples, & aultres de semblable alloy [illegible]

Marcque lix flor. v pat. xx mit. Once xxij flor. vij pat. viij mit.

Estrelin [illegible] pat. xix. mit. As [illegible] pat. [illegible]

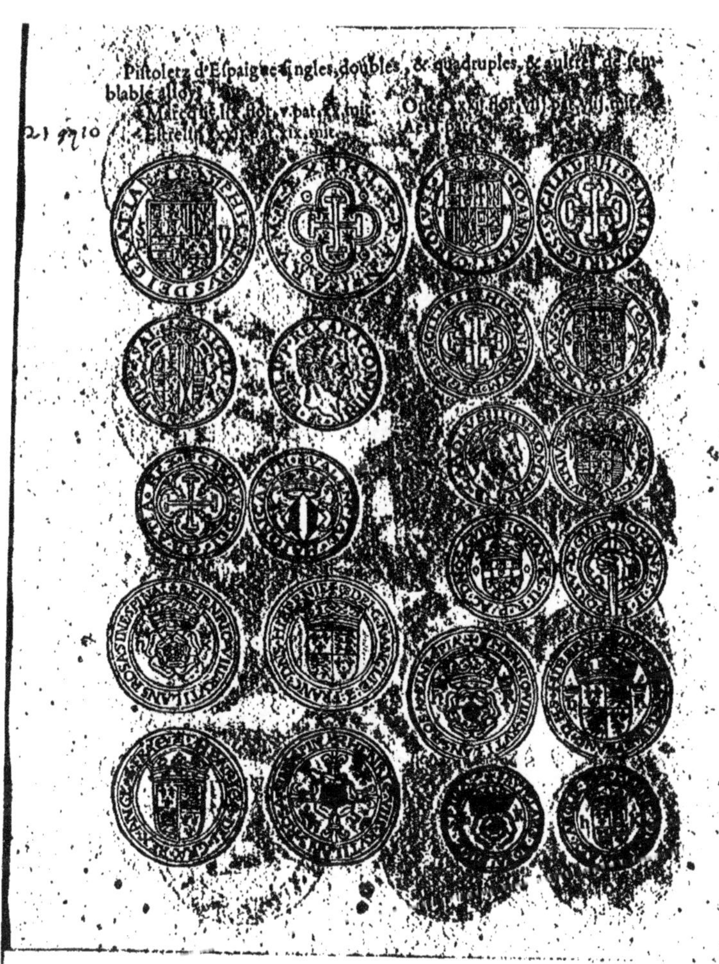

¶Les Eſcuz d'Italie, ſingles, doubles & quadruples les vns portans les aultres, doubles & ſingles Ducatz de Batenborch, Thore, & aultres pieces de meſme alloy:

Marcq ij^{c}.lv.flor.vj.pat.xij.mit. Once xxxj.flor.xviij.pat.xiij.mit.
Eſtrelin xxxj.pat.xliiij.mit. Aes i.pat.

IN HOC SIGNO VINCES
CAROLVS·V·ROMA·IMP
IMP·CAES·CAROLVS·V·AVG
MAGNA·OPER·DOMI

MARIA.DEI.G.SCOTOR.REGINA
IVSTVS.FIDE.VIVIT.1555
PAVLVS.III.PONT.MAX.
SECVRITAS.P.PARME
1557
IOHANES.KATHERINA.R.NAVAR
SIT.NOMEN.DOMINI
CONRATIVS.REX.ROMA.ES
DVX.ET.GVBER.REIP.GENV

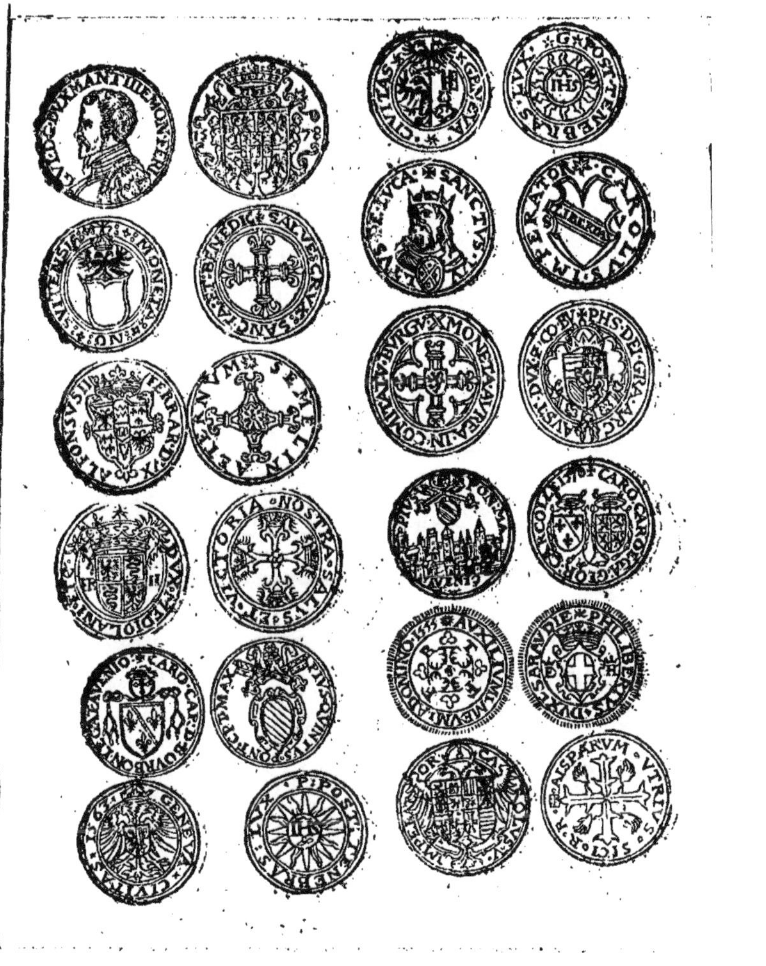

GVLIELMVS MAR MONTFER
SAC RO IMP PRINC VICO
ELEGIT QVI STATVIT LEGEM
COMES DE CLAN
SIENA VETVS CIVITAS VIRGINIS
MARCHIO IN ITALIA
CAROLVS
CAROLVS IMPERATOR
AVE CRVX SANCTA ET BENEDICTA

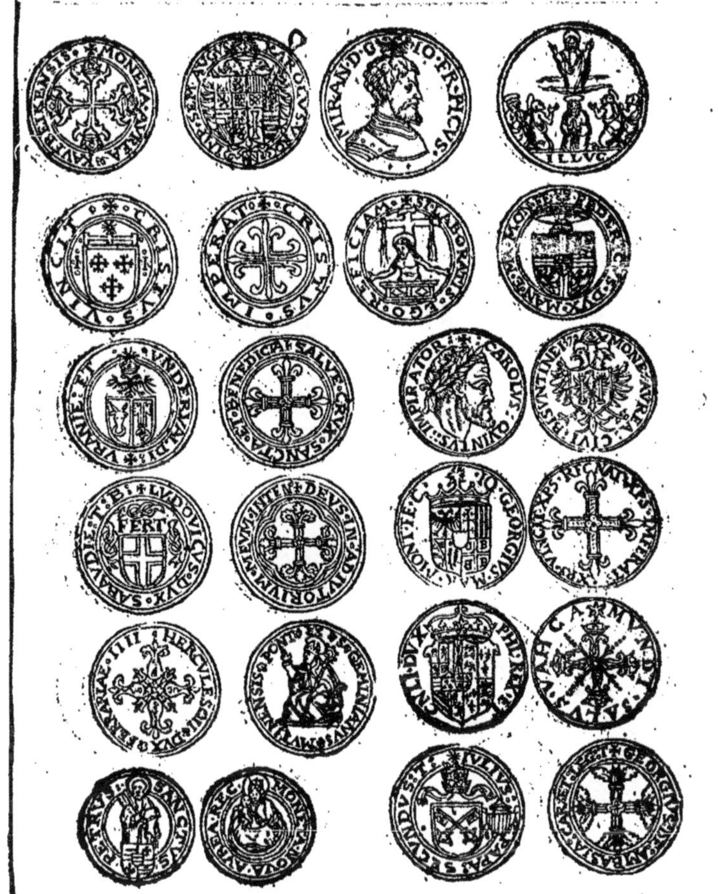

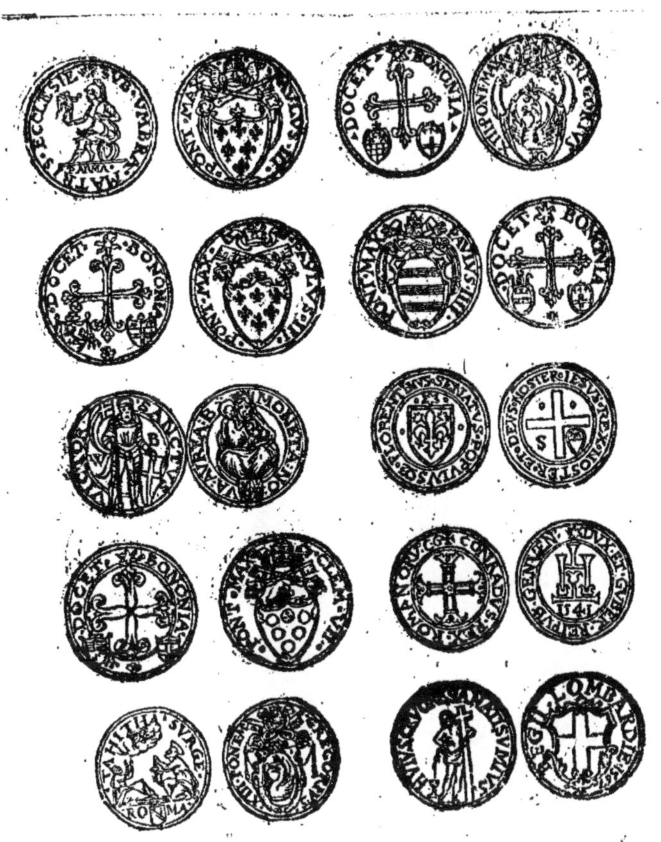

Les [illegible] Albertus & [illegible] de mesme alloy.

Marc iij^c.iiij.flor.vj.pat.[illegible].mit. Once xxxj.flor.xv.pat.[illegible]

Estrelin xxxj.pat.xxxviij.[illegible] Acs [illegible]

Doublet & fingles Escuz de Sedan de l'An 1610. ou [illegible], & aultres Escuz de Liege Ferdinandus.

Marc ij^c.xlix.flor.vij.pat.[illegible].mis. Once [illegible].flor.iij.pat.[illegible]

Estrelin xxxi.pat.viii.mis. Acs xlvii.mis.

21 [illegible]

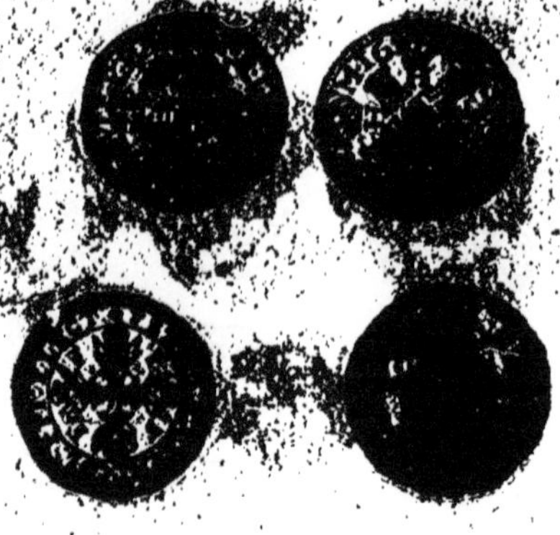

F

Ducatz contrefaicts à la maniere de celles de Prouinces vnies, & aultres pieces de mesme alloy:

Marcq ijc.xliij.flor.viij.pat.xxxvj.mit. Once xxx.flor.viij.pat.xxviij.mit.

Estrelin xxx.pat.xx.mit. Aes xlv.mit.

Les Rydres de Geldre & de Frize, & aultres pieces de semblable alloy:

Marc ijc.xxxviij.flor.lx.pat.xxxviij.mit. Once xxix.flor.xvj.pat.xj.mit.

Estrelin xxix.pat.xxxix.mit. Aes xlv.mit.

Les Escuz & demy Escuz des Estatz, & aulcres pieces de mesme alloy:
Marcq ije.xxxvj.flor.x.pat.x.mit. Once xxix.flor.xj.pat.xiij.mit.
Ellelin xxix.pat.xxvij.mit. Aes xliiij.mit.

Aulc[illegible] Angelots & Ducats contrefaictz à Barenborch,
les He[illegible] & aultres pieces de mesme alloy:
[illegible] xx.mit. Once [illegible] flor.viij.pat.xxxviij.mit.
[illegible] mit. Aes xliij.[illegible]

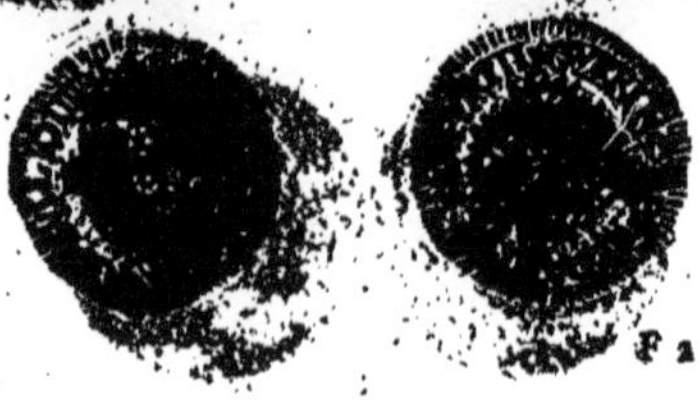

Aultres Ducatz & Escuz contrefaictz à la maniere de ceulx des Prouinces vnies, d'Allemaigne, Italie, & de Portugal.

8 Marcq iic.xxxiii.flor.x.pat.xl.mit. Once xxix flor.iii.pat.xli.mit.

Estrelin xxix.pat.ix.mit. Aes xliii.mit.

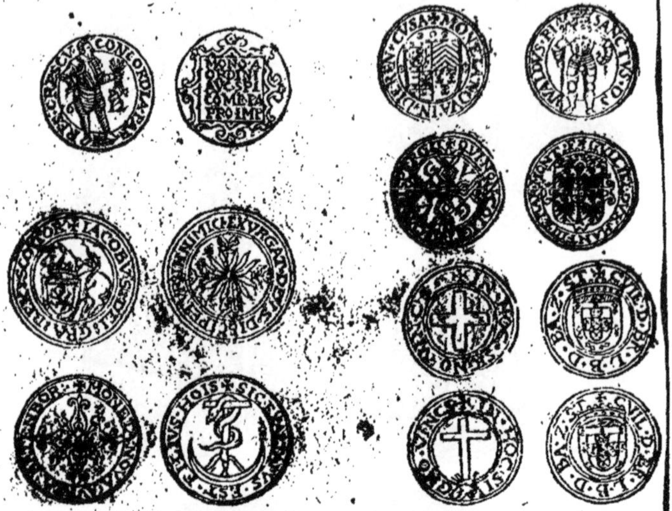

Aultres Escuz de Sedan & aultres pieces contrefaicts:

Marcq iic.xxix flor.xi.pat.xxxii.mit. Once xxviii.flor.xiii.pat.xlvi.mit.

Estrelin xxviii.pat.xxxiii.mit. Aes xliii.mit.

Les vieulx Florins de S. André, les fingles Albertus, & aultres de mesme alloy:

Marcq ijc. xxiiij. flor. xij. pat. xxxiiij. mit. Once xxviij. flor. j. pat. xxviii. mit.
Estrelin xxviij. pat. iiij. mit. Aes xlij. mit.

Les aultres Florins de S. André forgez l'an 155 7, & depuis, & les Escuz de Liege Ferdinandus singles, doubles & quadruples forgez au Duché de Buillon, & aultres Angelotz contrefaictz à la Conté de Mons.

Marcq [illegible] xix, flor. xiii, pat. xxxvi, mit. Once xxvii. flor. ix, pat. x, mit. 18

Estrelin xxvii, pat. xxii, mit. Aes xli, mit.

Les florins des Princes Electeurs, & aultres de mesme alloy.

Marcq li^{c}, xvii. flor. xiii, pat. viii, mit. Once xxvii. flor. iiii, pat. xiii, mit. 18

Estrelin xxvii, pat. x, mit. Aes xli, mit.

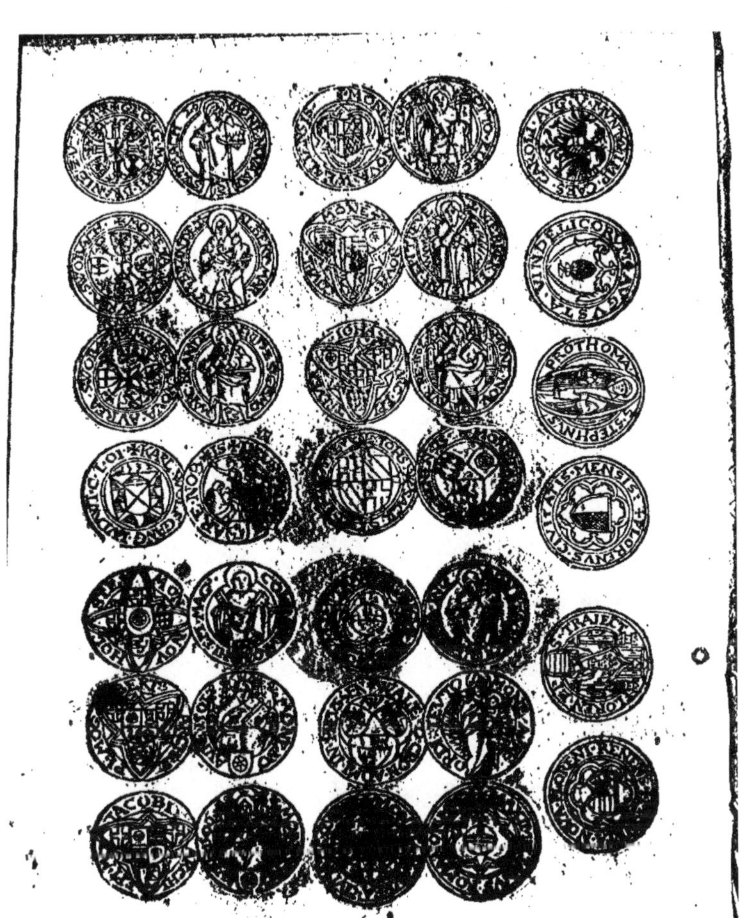

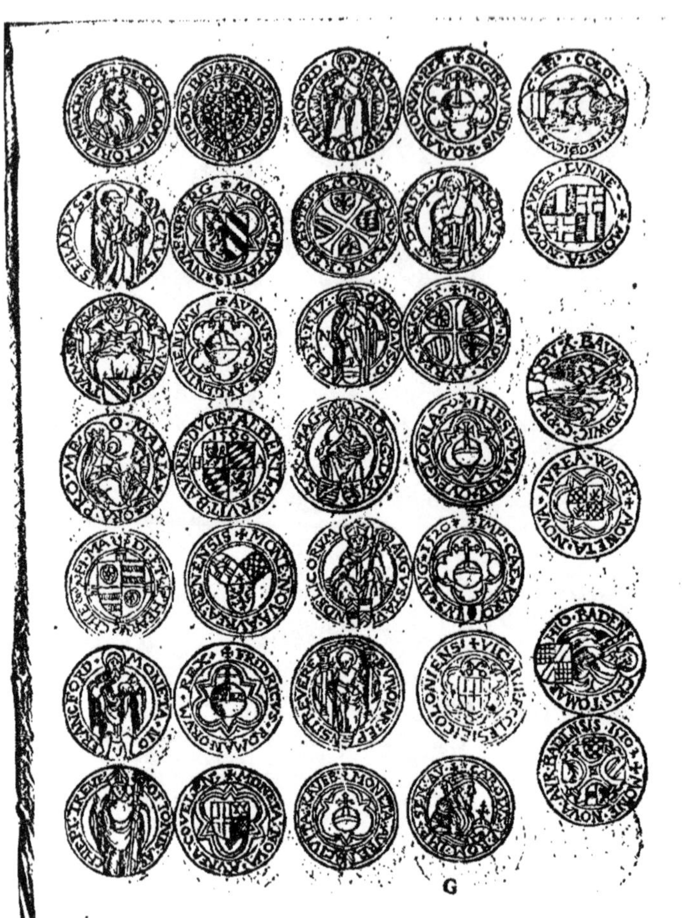

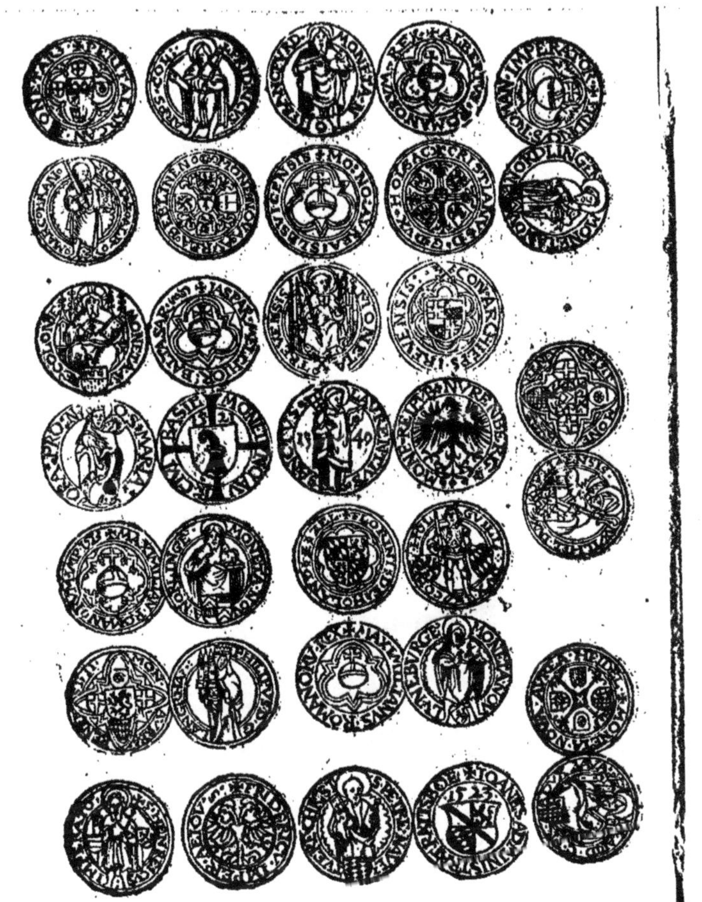

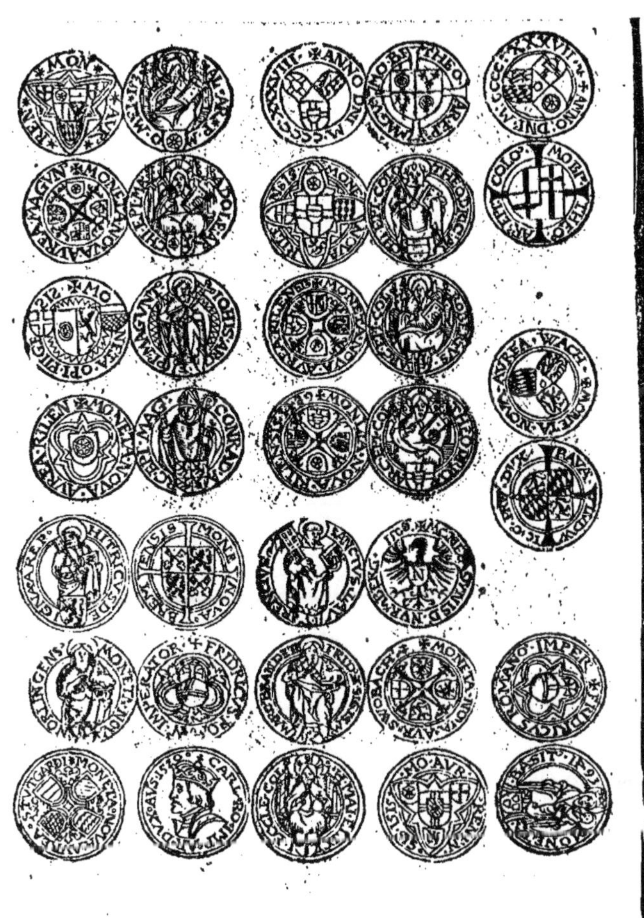

Les demy Reaulx & Florins Guilielmus d'or & aultres pieces de mesme alloy:

Marcq ijc. xij. flor. xv. pat. x. mit.	Once xxvi. flor. xi. pat. xliij. mit.
Esttelin xxvj. pat. xxviij. mit.	Acs xl. mit.

Florins d'or de Loraine & aultres, de ſemblable alloy:
Marc ij^c.j.flor.xvij.pat.xxiiij.mit. Once xxv.flor.iiij.pat.xxxiij.mit.
17 Eſtrelin xxv.pat.xj.mit. Aes xxxvij.mit.

Florins d'or de Liege Ferdinandus forgez à Bullon & aultres de mesme alloy:

16: 8 Marcq c, iiii^{xx}, xvii fl. xviii, pat. xvi. m. Once xviii, fl. xiiii, p. xxviii. m.
Estrelin xxiiii, pat. xxxv. mit. Aes xxxvii. mit.

Florins d'or de Sedan soubz tiltre & effigie de Henry de la Tour & aultres Angelotz contrefaicts à Viane:

16: 6 Marcq c, iiii^{xx}, xv. flor. xviii. pat. xxxvi. mit. Once xxiiii, flor. ix. p. xl. mit.
Estrelin xxiiii. pat. xxiii. mit. Aes xxxvi. mit.

¶ Les florins & demy Florins Philippes & aultres de mesme alloy.

Marcq c.iiii^{xx}.vj.flor.xl.mit. Once xxiij.flor.v.pat.v.mit.

Estrelin xxiij.pat.xij.mit. Acs xxxv.mit.

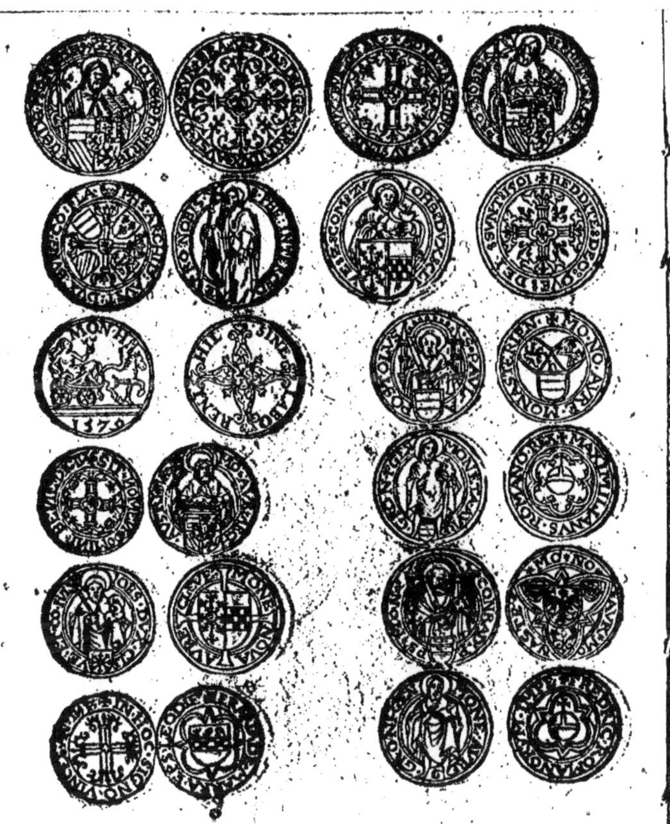

Les florins Dauid d'Vtrecht & aultres de mesme alloy:

Marcq c.lxxviij.flor.ij.pat.xxiiij.mit. Once xxij.flor.v.pa.xv.mit.

Estrelin xxij.pat.xii mit. Aes xxxii.mit.

Les Philippus Clinckaert & aultres de mesme alloy:

14 Marc c.lxvj.flor.v.pat. Once xx.flor.xv.pat.xxx.mit.

Estrelin xx.pat.xxxvij.mit. Aes.xxxi.mit.

...lorins Carolus & de Philippus au mesme pied, vieulx Rydres de Geldres, & les Florins do Campen, Deuenter, & Svvol de l'ancienne fabrication.

13-10 Marcq c.lxiiij.flor.v.pat.xx.mit. Once xx.flor.x.pat.xxxii.mit
Estrelin xx.pat.xxv.mit. Aes xxxj.mit.

Les florins d'or de Bourbon fort different en alloy & aultres pieces de telles :

Marcq c,xlij.flor.x.par, Once xvij.flor,xvi.par.xii.mit.

12 Estrelin xvii.par.ix,mit, Ae xxvii.mit.

Monnaye d'argent

Ducatons de Milan, Florence, Venise & autres forges au mesme pieds

Marc xxj. flor. xiij. pat. xiiij. mit. | Once iiij. pat. xj. mit.
Estrelin ij. pat. xxxiiij. mit. | Aes iiij. mit.

Reaulx d'Espaigne, Florins d'Allemaigne de 60. Kreutsers, vieulx Daelders de Ioachim, vieles pieces de trois patars, & aultres de mesme alloy:

Marcq xxi. flor. vj. pat. xxxiiij. mit. Once liij. pat. xvj. mit.

Estrelin ij. pat. xxxij. mit. Aes iiij. mit.

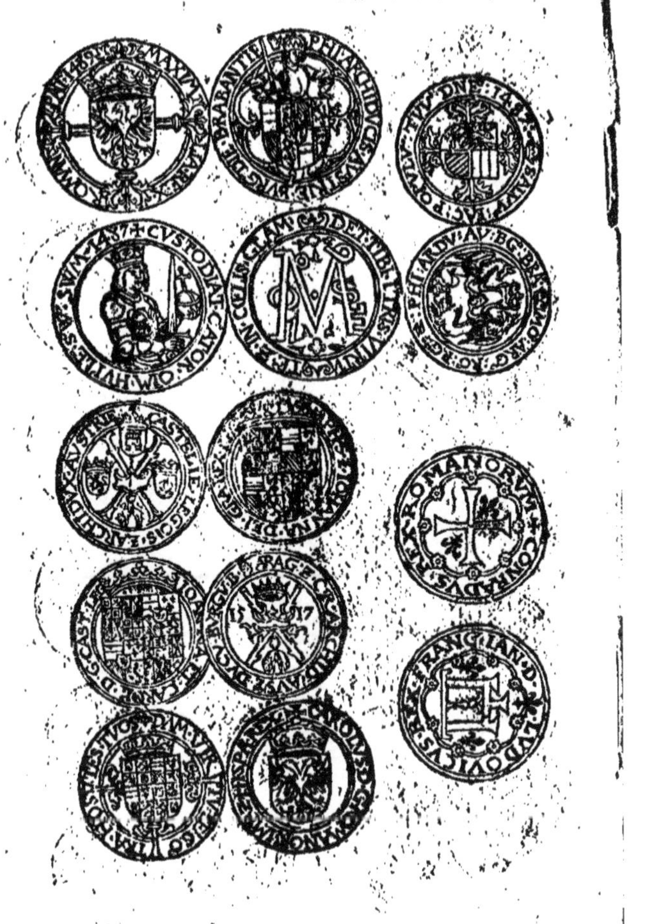

PRVDENT
IOHS
SANCTVS VINCENTIVS
NOVA MONETA BERNENSIS
PHILIBERTVS DVX SABAVDIE OCTAVVS
IOLANT LVDOVICHA DVCISA SABAVDIE
SANCTVS VINCENCIVS
SANCTVS OTHMARVS
SANCTVS GEORGIVS
SANCTI GALLI MONETA NOVA

Reaulx de Mexico, Solz d'Angleterre & aultres d'Escosse, vieux & noveaulx auec leurs partis.

Marc xxi flor. I pat. xliii. mit. — Once iii. pat. xxxv. mit.

10 Esterlin ii. pat. xxx mit. — Aes iiii. mit.

Reaulx de Peru, & leurs parties, Quart d'Escuz & demyz de Frances, & aultres pieces de mesme alloy:

Marc xxj. flor. xiiii. mit. Once iii. pat. xxv. mit.

Esttelin ii. pat. xxx. mit. Aes iiii. mit.

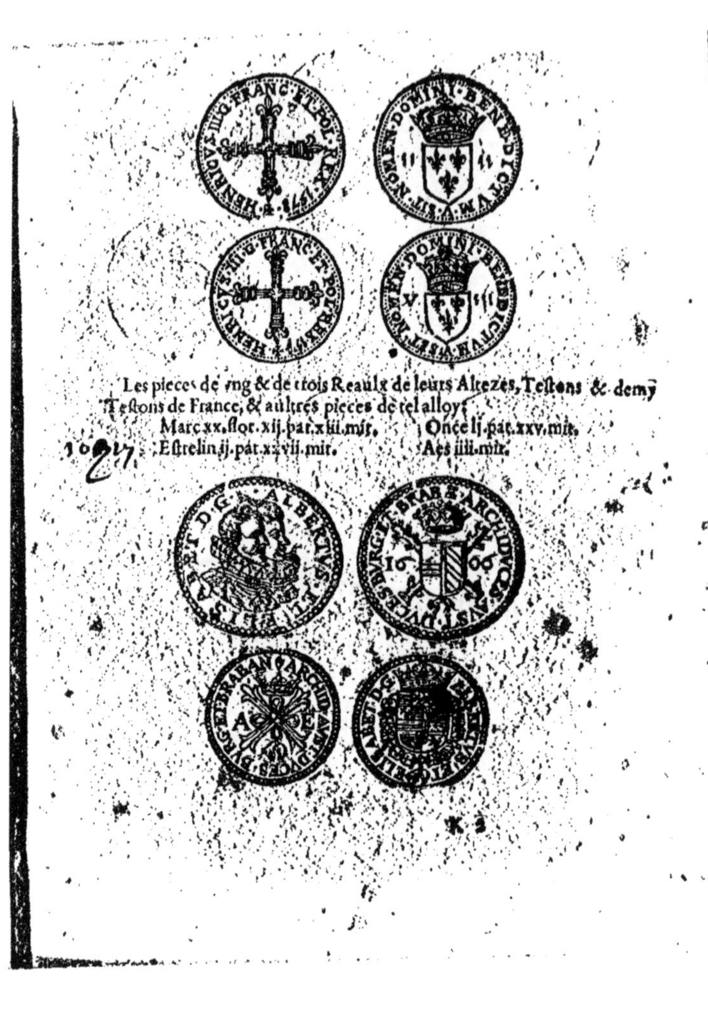

Les pieces de vng & de trois Reaulx de leurs Altezes, Testons & demy Testons de France, & aultres pieces de tel alloy.

Marc xx. flor. xij. pat. xiii. mit.	Once ij. pat. xxv. mit.
Estrelin ij. pat. xxvii. mit.	Aes iiii. mit.

Le Daelders de Bourgoigne & aultres forgez au mesme pied à l'Empire d l'An 1567, & depuis.

Marc xx. flor, ix. pat, iij, mit, Once lj. pat. vi, mit.

Estrelin li. pat. xxvj. mit. Aes iiii. mit.

M DLXVII
GOTHA CAPTA
SVPPLICIO DE PRO
SCRIPTIS IMP HOS
TIB OBSESS SVMPTO
COTERISQ FVGATIS
AVGVSTVS D SAXO
ELECTOR &C

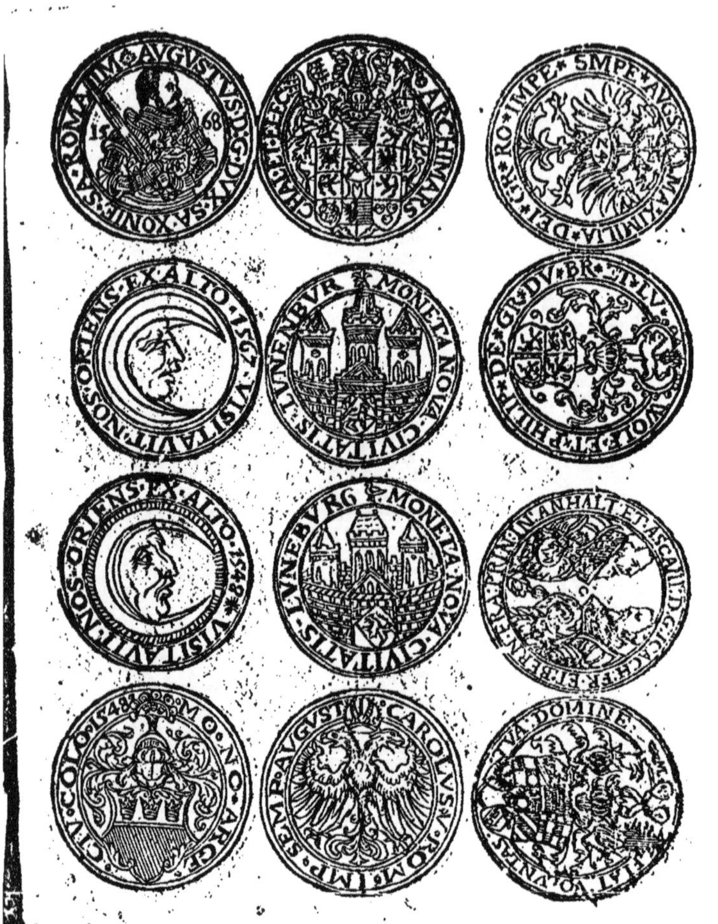
AVGVSTVS·D·G·DVX·SAXONIE·SA·ROMA·IM
15 68
ARCHIMARS
SMPE·AVGS
DEI·GR·RO·IMPE
EX·ALTO·1567·VISITAVIT·NOS·ORIENS
MONETA·NOVA·CIVITATIS·LVNENBVR
GR·DV·BR·ET·LV
ORIENS·EX·ALTO·1548·VISITAVIT·NOS
MONETA·NOVA·CIVITATIS·LVNEBVRG
IN·ANHALT·ET·ASCA
MO·NO·ARGE·C·I·V·COLO·1548
CAROLVS·V·ROM·IMP·SEMP·AVGVST
DOMINE
FIAT·VOLVNTAS

MAXIMILIA·I·IMP·AVG·P·F·DECRETO
GVILL·D·G·IVLIA·CLIVOR·E·MONT·DVX
MARIA·MATER·DOMINI·1542
GOSLARIEN·MONETA·CIVITA·IMPERIALIS
CHRISTVS·SPES·VNA·SALVTIS·1562
HENRIC·D·G·BRVNS·E·LVNE·D
NON·VIDI·IVSTVM·DERELICTV
S·STEPHANVS·PROTHOMARTIR
CONSVMOR·ALIIS·INSERVIENDO

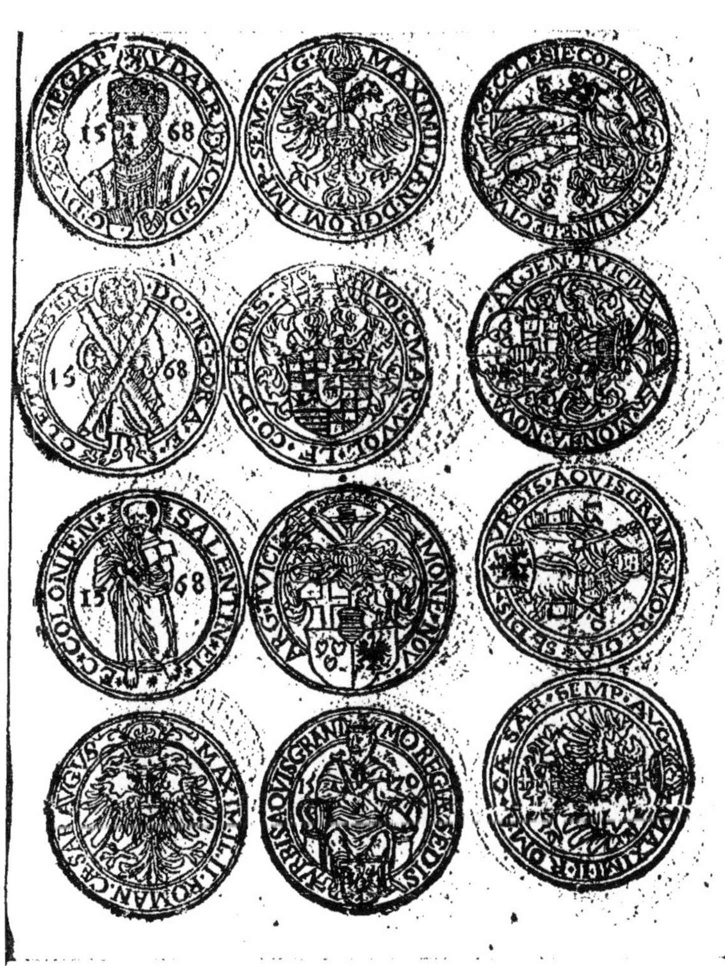
VDALRICVS D G DVX MEGAP
1568
MAXIMILIAN D G ROM IMP SEM AVG
SALENTIN EL EC COLONIEN
1568
MONE NOV ARG

L 2

VICIT·LEO·DE·TRIBV·IVDA
MONE·DOMI·ET·CIVI·HERVOR
15 52
SALVVM·FAC·POPVLVM·TVVM·DOM
MONETA·NOVA·VRBIS·BASILIENSIS
15 42
DOMINE·CONSERVA·NOS·IN·PACE
ALBERTVS·DEI·GRACIA·DVX·MEGAPO
KAROLVS·V·ROMA·IMP·SEMP·AVGVST
MONETA·NOVA·CIVITATIS·KAVFBVRNENSIS
1542
MAXIMILI·II·ROMA·IM·SEM·AVGV·1567
ALBERTVS·DEI·GRACIA·DVX·MEGAPOLIS
MONETA·NOVA·GADEBVSSENSIS·1543

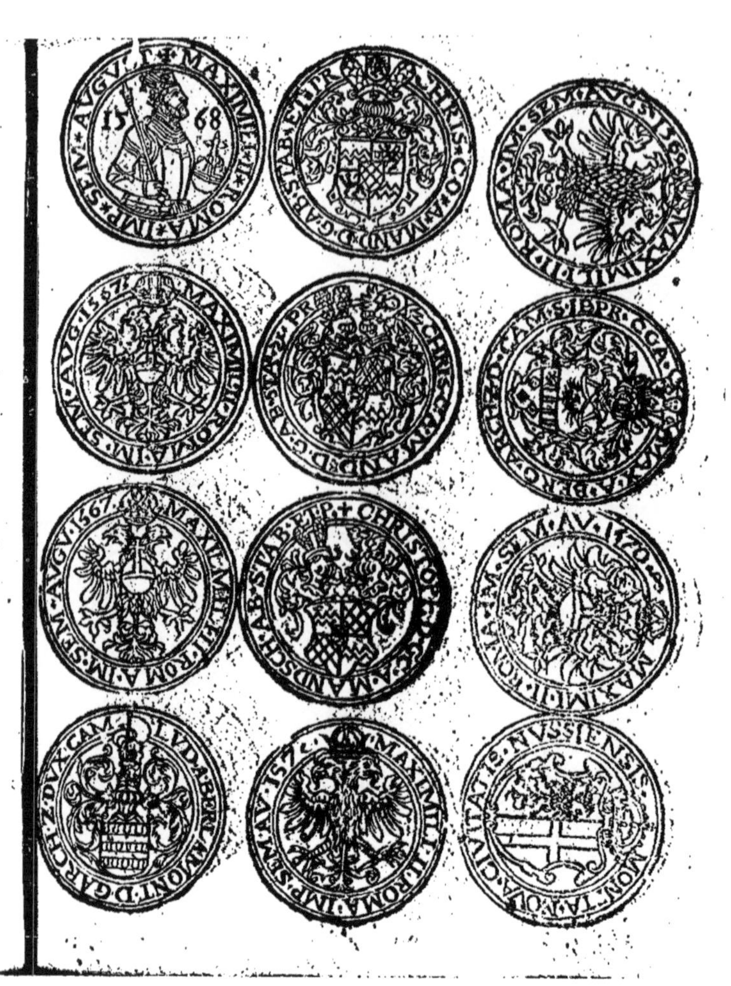

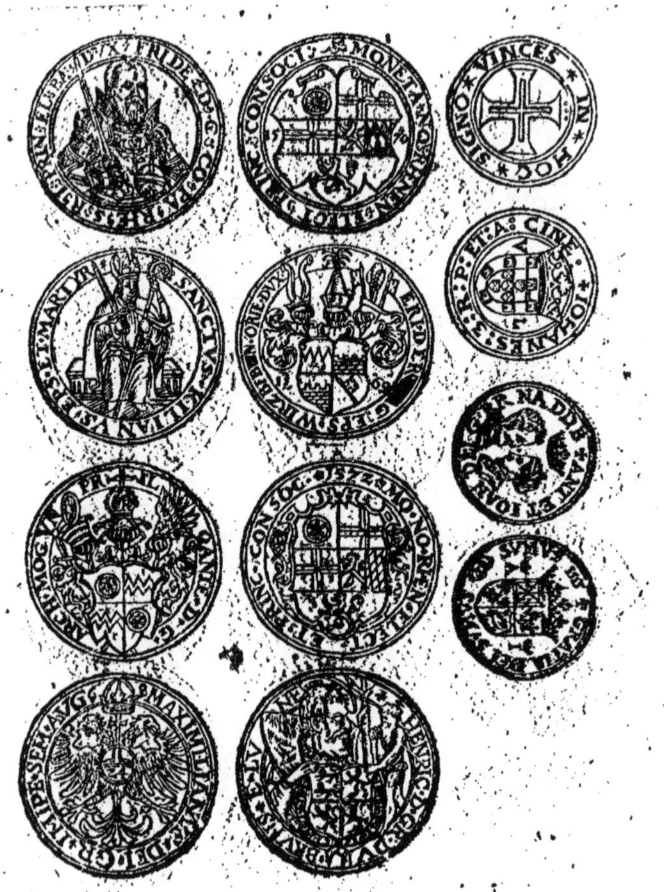

Aultres Daeldres d'Allemaigne forgez auparauant lesdict an 1567. Daeldres de Tirol & des Prouinces vnies, les Toisons d'argent, & aultres pieces au mesme alloy:

Marcq xx. flor. iiij. pat. xii. mit. [illegible] Once I pat. xxv. mit.

10 fl 12 Estrelin IJ. pat. xxv. mit. [illegible] As iij. mit.

ZWOLLENSIS·DAVENTRIA·CAMPENSIS
MO·ARG·PRO·CONFOE·BELG·GEL
CONCORDIA·RES·PARVAE·CRESCUNT
16 06
HOL·CONCORDIA·RES·PARVAE·CRESCUNT
MO·ORDIN·PROVIN·FOEDER·BELGI·AD·LEGEM·IMP
1586
CRISTIERNVS·DEI·GRA·REX·DACIE·SVECIE·NORVE
XPS·IHS·ELEGIT·ME·REGEM·POPVLO·SVO·IS·Z3

M

FERDINANDVS·D·G·ARCHIDVX·AVSTRIÆ
PHIR·DVX·BVRLANDI·ALSA·COM
CAESAR·DVX·MVT·REG·E·C
1602
NOBILITAS·ESTENSIS
IVL·GEL·CLI·ET·MONT·CO·MAR·ET·RAV
1543·IN·DEO·SPES·MEA·WILHELMVS·DVX
PROTO·MARTIR·SANCT·STEF
SOLIVS·VIRTVTIS·FLOS·PERPETVVS
NVMVS·REIP·ARGENTORATENSIS
ALBERT·CARD·ADM·HALBER

VIGILATE DEO CONFIDENTES 1583
MO NO ARG COMIT HOL ZEEL
MONETA COMITUM A STOLBERG Z WER
MO NO TRIUM CIVITATUM IMPERIAL
CAROL ROMA IMPER
CAMPENSIS Z WOLLENSIS DAVENTRIE
GEORG ET CHRIST
MO NOSTRU CIVIT IMPERIA
DAVENTRIE CAMPENSIS SWOLLENSIS
BENEDICTUM SIT NOMEN DOMINI
MONETA COMITUM A STOLBERG ET WER
NUMUS REIP FRANCFORDIANAE

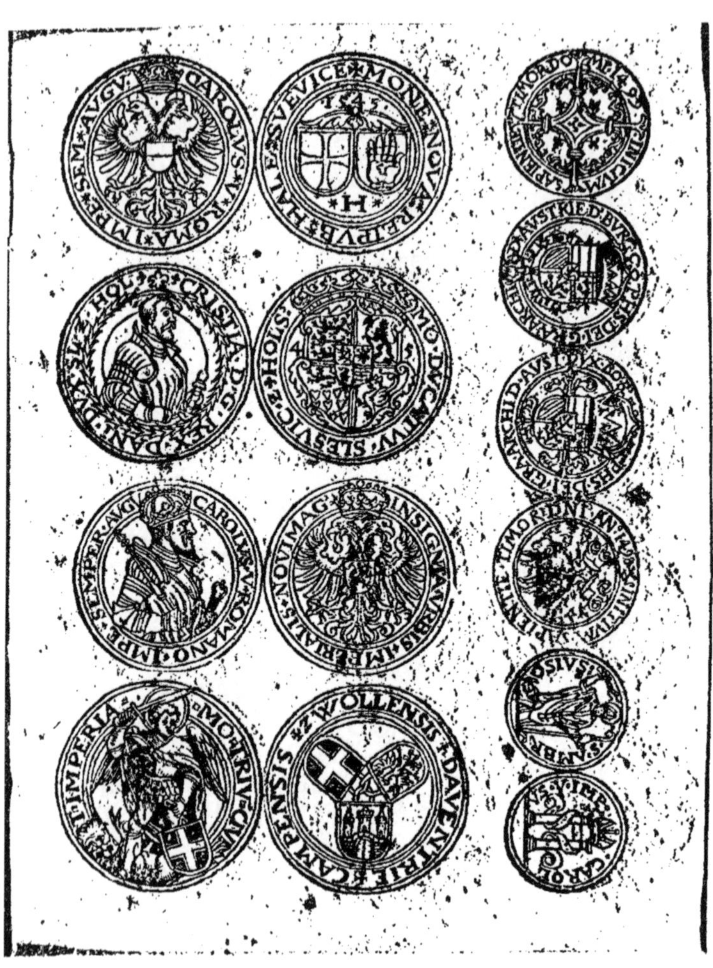

Florins Carolus, Philippus Daler, Florins de leurs Altezes, Francqz & leurs parties, & aultres pieces de tel alloy:

Marcq xix. flor. ix. pat. ix. mit. Once xlviij. pat. xxxi. mit.
Estrelin ii. pat. xx. mit. Aes iiij. mit.

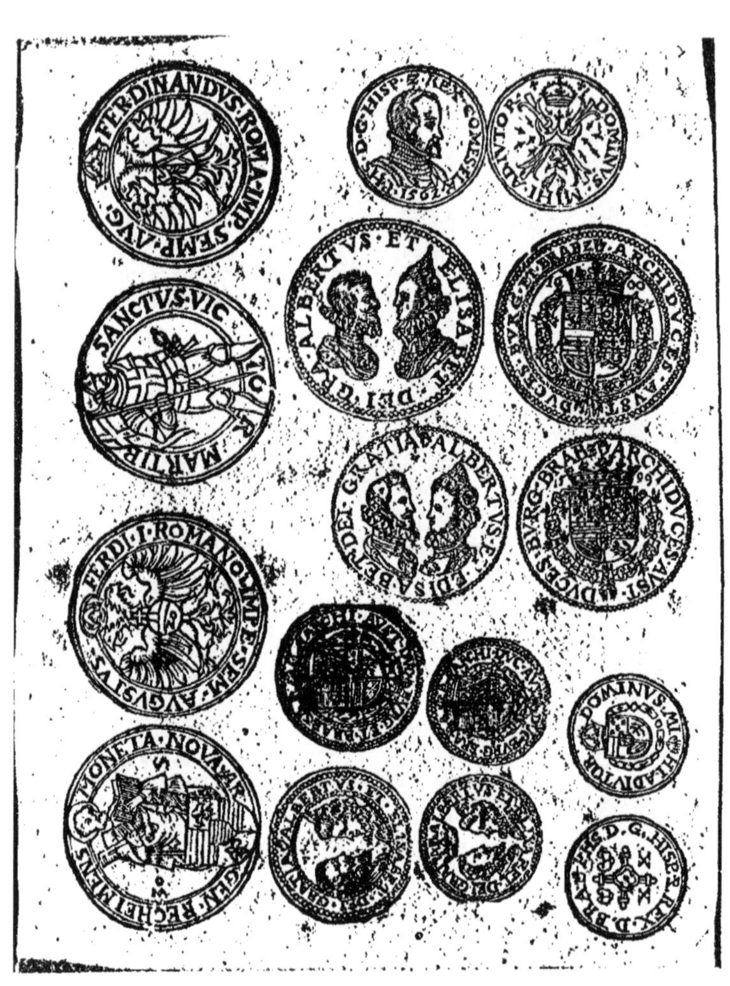

FERDINANDVS·ROMA·IMP·SEMP·AVG·
SANCTVS·VIC
FERDI·I·ROMANO·IMP·E·SEM·AVGVSTVS
ALBERTVS·ET·ELISA
DEI·GRATIA·ALBERTVS·ET·ELISABET
ARCHIDVCES·AVST·DVCES·BVRG·BRAB
DOMINVS·MIHI·ADIVTOR
MONETA·NOVA
1562

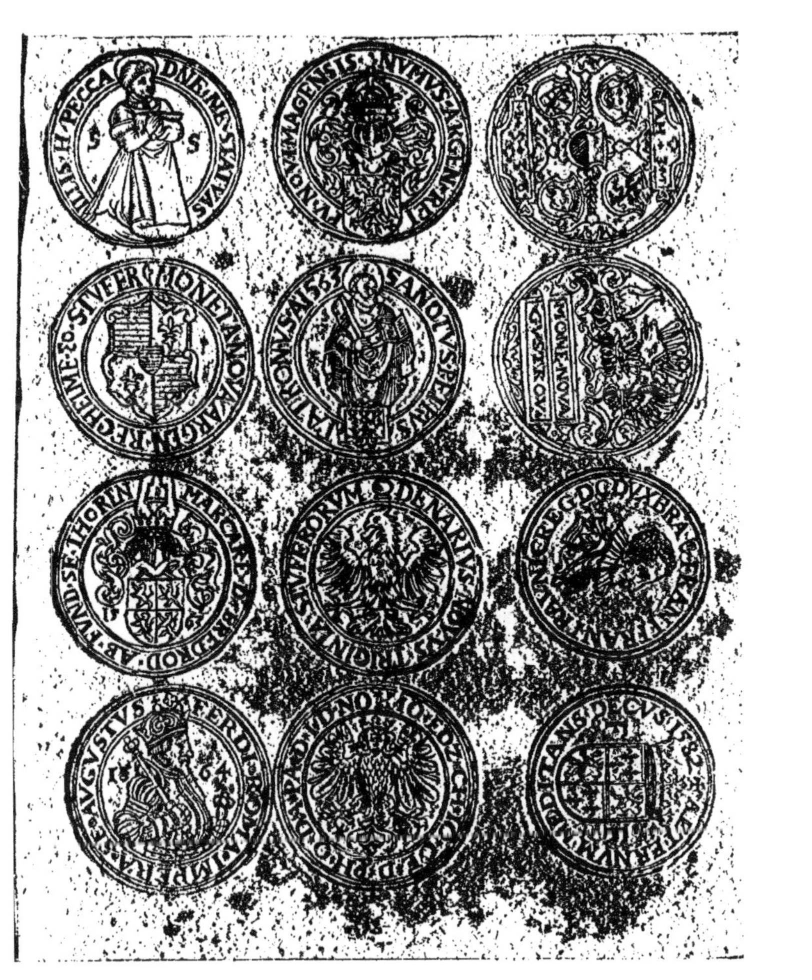

MONETA·NOVA·ORDIN·FRISIÆ
NISI·DNS·NOBISCUM·1582
MONETA·DUCATUS·BRABANTIÆ
B B
CONFORTARE·ET·ESTO·ROBUSTUS
16 07
HENRICUS·III·D·G·FRANC·ET·POL·REX
SIT·NOMEN·DOMINI·BENEDICTUM·1576

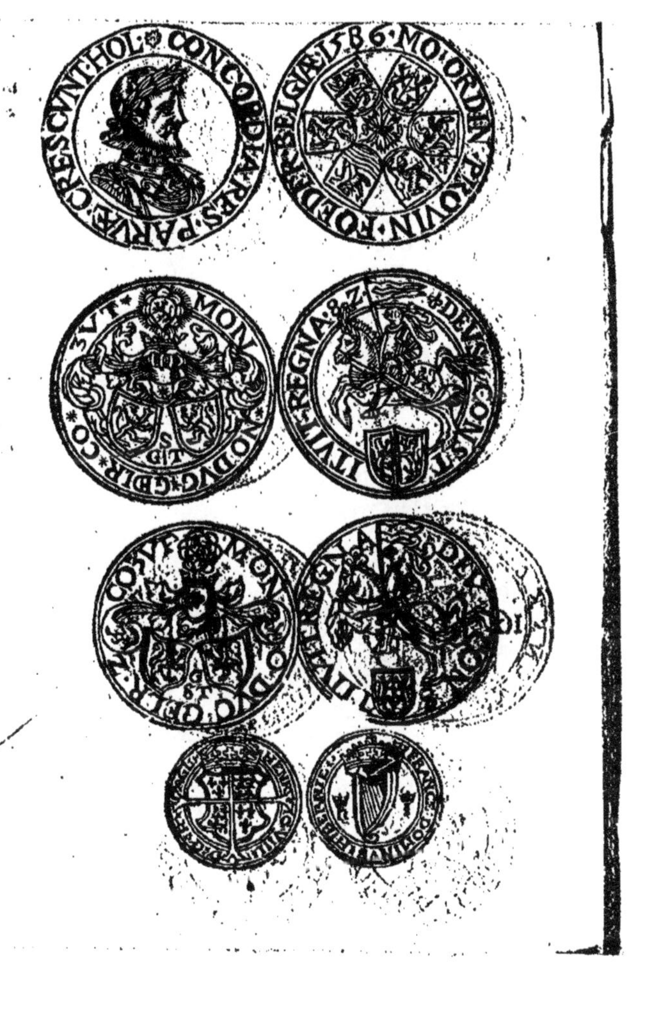

Les doubles Fusicqz, vieulx Testons de Loreyne & aultres pieces de semblable alloy:

Marc xviij flor. xij pat. xliiij. mit. Once xlvi. [illegible]

Estrelin ij. pat. xv. mit. Aes iij. mites.

SIT NOMEN DOMINI BENEDICTVM
MONETA NANCEI CVSA
1545
FRANCISCVS

DENARIUS NOVUS TRIGINTA STUFERORUM
IOES D BRONCHORST BARO IN GRONSFELDT
D GUL DUX
DA CTORTAM DEO OMNIPOTENTI
1551
DENA NOVUS D BATENB TRIGINTA STUFER
1564 DOMINE CONSERVA NOS IN PACE A°

Testons de Loraine, Berne, Lucerne, & aultres forgez au mesme pied:

Marc xvii. flor, xv. pat.	Once xliiii. pat. xviii. mit.
Estrelin ii. pat. x. mit.	Aes iii. mit.

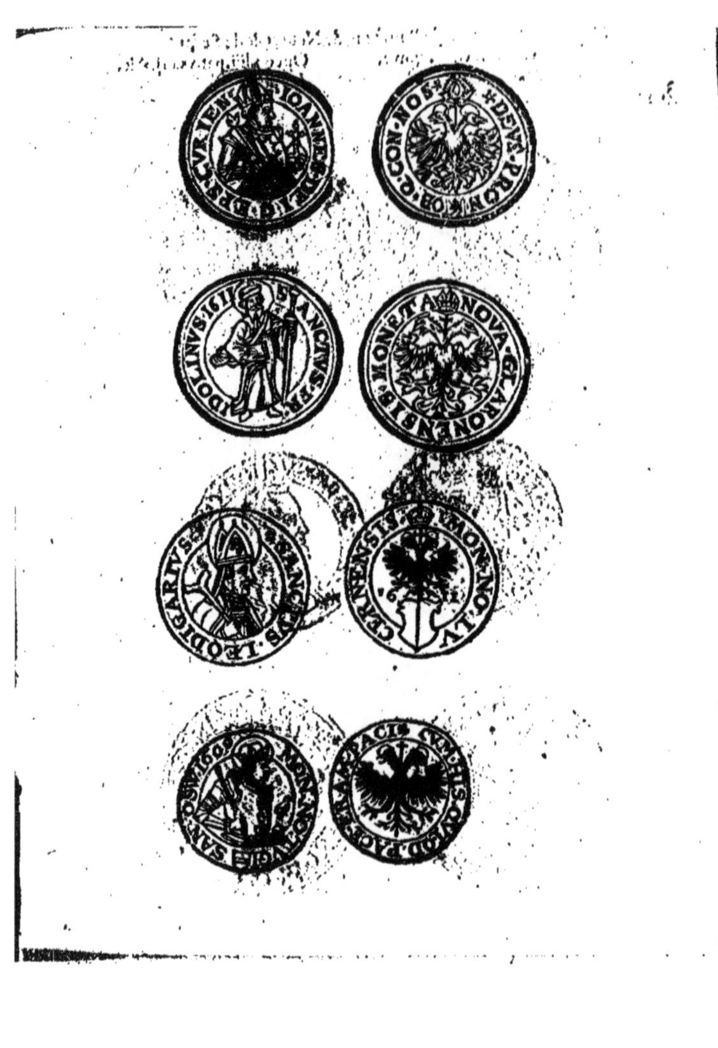

Daeldres de Campen, de Bourbon, de Neuers & de Sedan.

Marc xvij.flor.x.pat.vj.mit. Once xliii.pat.xxxvj.mit.

Estrelin ii.pat.ix.mit. Aes iii.mit.

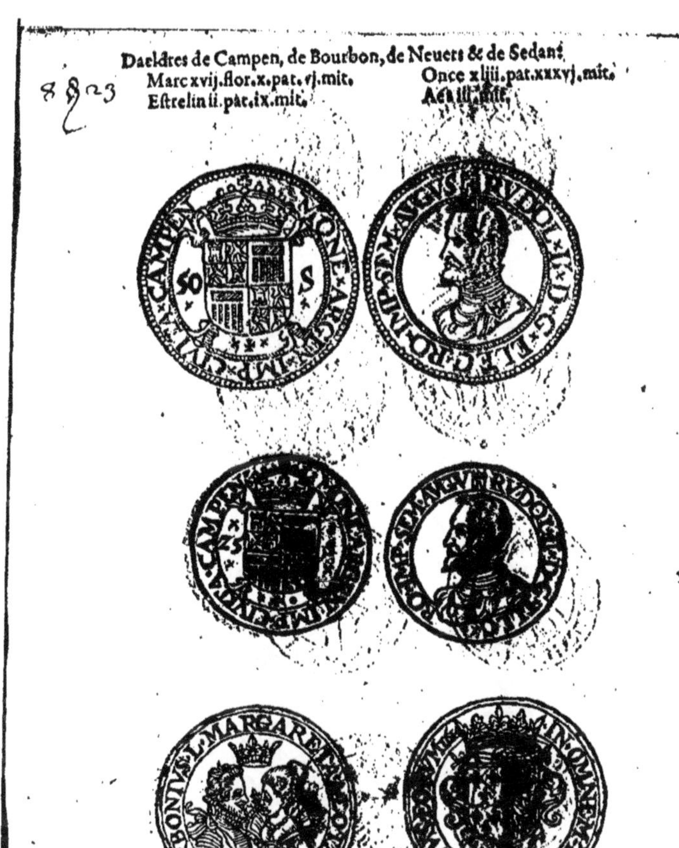

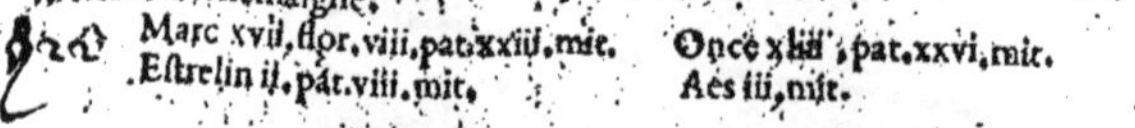
Daeldres des Estats, de Liege, de Hollande, Zelande & Frize, & aultres Testons d'Allemaigne:

Marc xvii, flor. viii, pat. xxiii, mit. Once xiii, pat. xxvi, mit.
Estrelin ii, pat. viii, mit. Aes iii, mit.

PHS·D·G·HISP·Z·REX·DVX·BRA
PACE·ET·IVSTITIA
MO·ARG·PRO·CON·FOE·BELG·
PHS·D·G·HISP·Z·REX·DVX·GEL·C·3
15 79
CONCORDIA·RES·PARVÆ·CRESCVNT
NON·MOVETVR·1606·CONFIDENS·DNO
CONCORDIA·RES·PARVÆ·CRESCVN
PHS·D·G·HISP·REX·D·N·S·TRAIEC
MONETA·ARGENT·ORDIN·ZEELANDIÆ
1602
MO·NO·ARG·ORDIN·HOL
CONFIDENS·DNO·NON·MOVETVR
SI·DEVS·NOBISCVM·QVIS·CONTRA·NOS

NISI·DOMINVS·NOBISCVM·1601
28 ST
FLORENVS·ARG·ORDINVM·FRISIÆ
EPISCOPVS·LEODI·ERNESTVS·D·G
ERNESTVS·DEI·GR·EPISCOPVS·LEODII
DVX·BVLLONIENSIS·16
BVLLONIENSIS·DVX
FERDINANDVS·D·G·ARCHI·COL·PRINC·EPJ·ELECT
EPISC·ET·PRINC·LEOD·SVPR·DVX·BVLIONENSIS
FERDINAND·D·G·ARCHI·COL·PRINC·ELECT
EPISC·ET·PRINC·LEOD·SVPR·DVX·BVLIONENSI
F B

Daeldres de Sedan, & aultres Testons d'Allemaigne n'estans contrefaictz:

Marcq xvii.flor.v.pat.xi.mit.	Once xliij.pat.vii.mit.
Estrelin ij.pat.vij.mit.	Aes iii.mit.

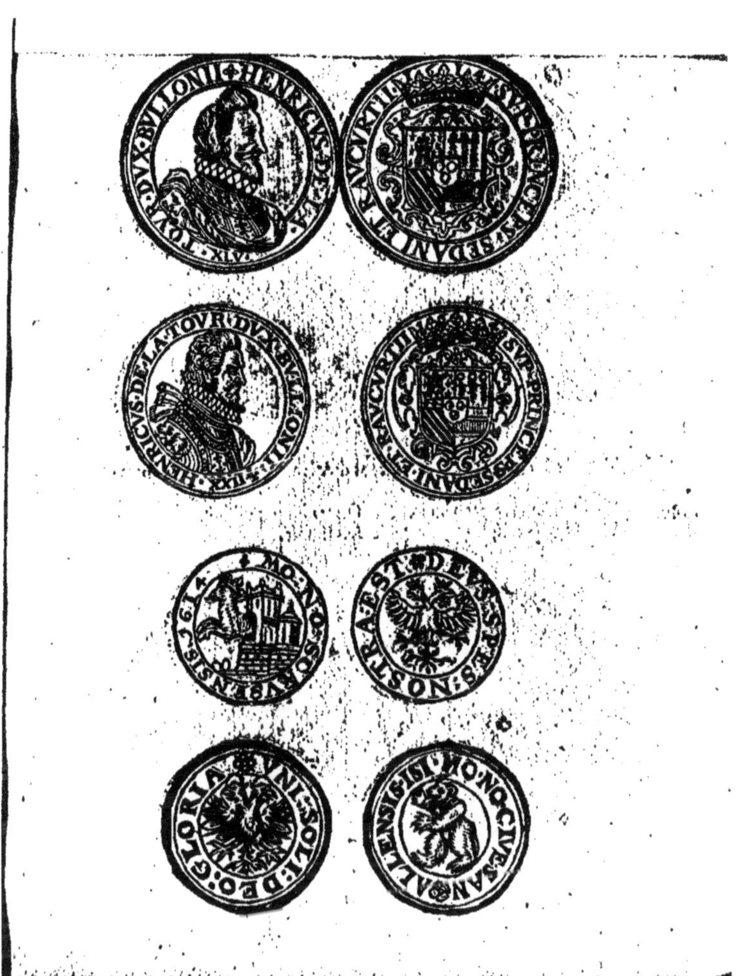

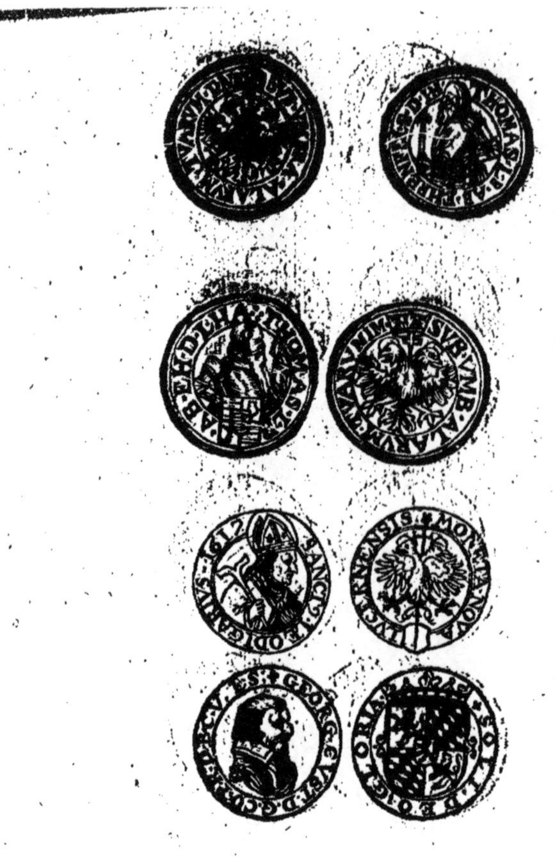

+ GLORIA.IN.EXCELSIS.DEO.
+ MON.NOV.REIPVB.ARGENTORAT.

Aultres Daeldres de Liege Ferdinandus, & de Sedan, les Quart d'Escus de Bourbon contrefaicts, & aultres pieces de semblable alloy:

Marc q xvi. flor. xviij. pat. xxxiiij. mit. Once xlij. pat. xvj. mit.
Estrelin ij. pat. v. [illegible] Aes iij. [illegible]

Daeldres de Messera, de Mantua à la maniere des Ducatons, Quart d'Escuz de Bourbon, & Testons de Metz, & aultres piéces de mesme alloy:.

Marc xvi. flor. xij. pat. x. mit.	Once xlj. pat. xxv. mit.
Estrelin ij. pat. iii. mit.	Aes iii. mit.

FERDINANDVS·D·G·DVX·MANT
VINCENTIVS·D·G·DVX·MANTVÆ·IIII
MONETA·NOVA
1611

P 2

Florins de Deuenter & aultres pieces de semblable alloy :

Marc xv. flor. xvii. par. xxvi. mit. Once xxxix. par. xxxiii. mit.

Estrelin i. par. xlvij. mit. Aes iii. mit.

Aultres demy Florins & Quarts de leurs Altezes, Daeldres de Mantua Vincentiu , & de Messera sans nombre, Testons d'Augustin Spinola, Ernestus de Liege, & aultres pieces de mesme alloy:

Marc xv. flor. ix. pat. xix. mit.	Once xxxviii. pat. xxxii. mit.
Estrelin i. pat. xliiii. mit.	Aes iii. mit.

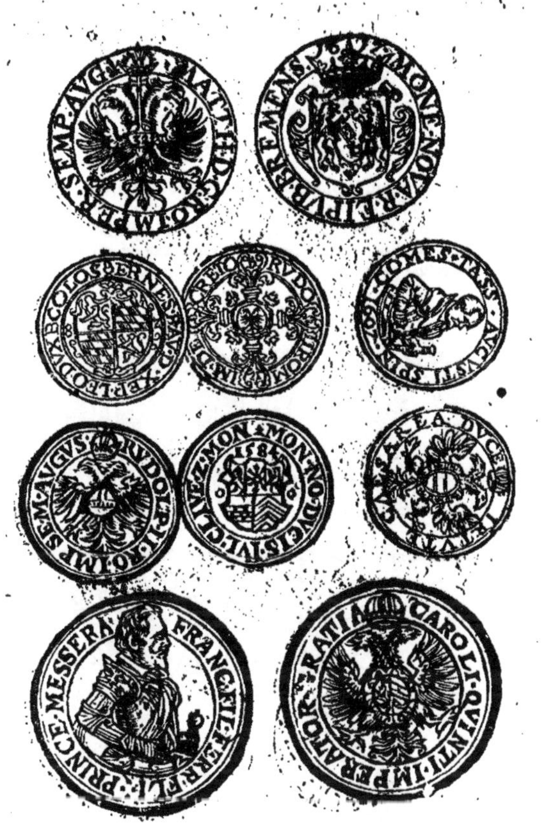

Daeldres d'Augustin Spinola à la maniere des Ducatons, les Solz à l'Aigle, & les vieux Snaphanes cy deuant forgez à Iuilliers, Nimmegen, Campen, Deuenter & Swol, & aultres pieces de semblable alloy

Marc xv. flor. vj. pat. vij. mit.	Once xxxviij. pat. xij. mit.
Esterlin i. pat. xliiij. mit.	Aes ii. mit.

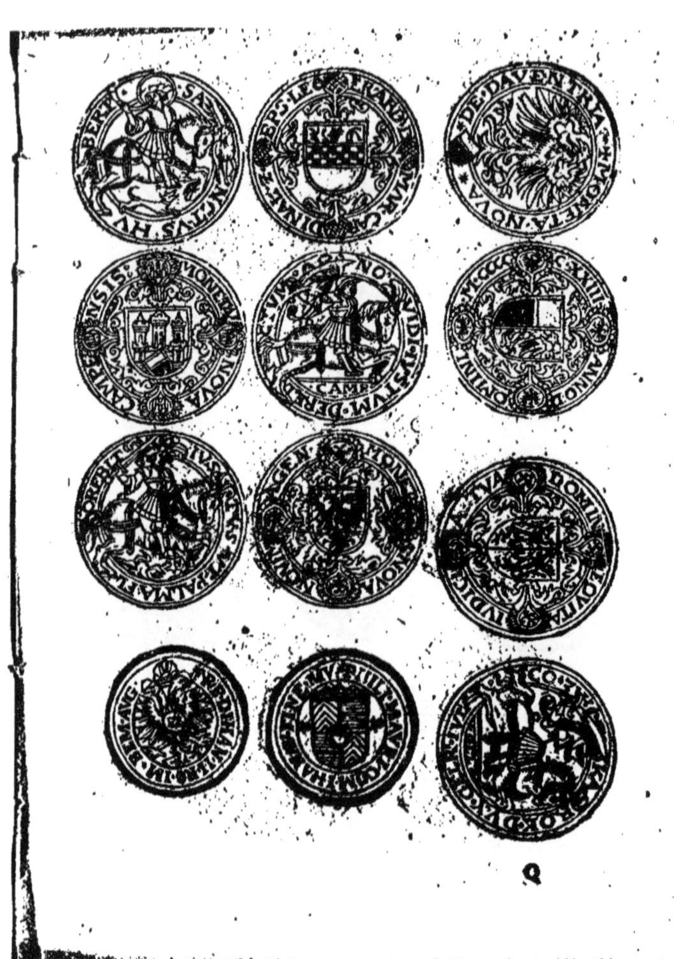

Q

Aultres Daeldres de Messera auecq le nombre F. VIII. & d'Augustin Spinola auecq le nombre C. XV. & aultres de semblable alloy:

Marc xv. flor. i. pat. xij. mit. Once xxxvij. pat. xxxi. mit.
Estrelin i. pat. xij. mit. Aes ii. mit.

Vieux doubles patars ayans cours pour trois patars:

Marc xliiij.flor.xviij.pat. Once xxvij.pat.xlj.mit.
Estrelin j.pat.xlj.mit. Aes ij.mit.

Aultres Daeldres d'Est, Testons de Sauoye n'estans contrefaictz, & aultres pieces de tel alloy:

Marc xliiij.flor.xiij.pat.vi.mit. Once xxxvj.pat.xxx.mit.
Estelin j.pat.xxxix.mit. Aes ij.mit.

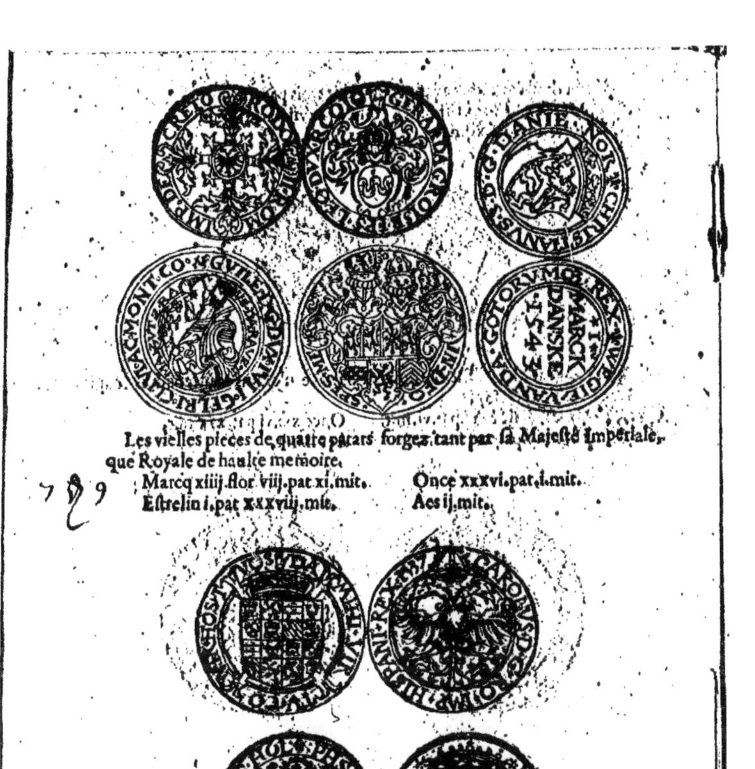

Les vielles pieces de quatre patars forgez tant par sa Majesté Imperiale, que Royale de haulte memoire.

Marcq xiiij.flor viij.pat xi.mit. Once xxxvi.pat.i.mit.
Estrelin i.pat xxxviij.mit. Aes ij.mit.

Daeldres du Conte Palatin, & aultres pieces de semblable alloy:

Marcq xiiij. flor. iij. pat. xvij. mit.	Once xxxv. pat. xx. mit.
Esterlin i. pat. xxxvij. mit.	Aes ij. mit.

Les Solz des Prouinces vnies forgez anno 1601. & depuis les doubles & singles patars desdicts Prouinces, les Solz forgez à Thore, pays de Iuilliers Campen, Svvol, & aultres pieces de tel alloy:

Marcq xiij. flor. vij. pat. iij. mit.	Once xxxiij. pat. xviij. mit.
Esterlin i. pat. xxxij. mit.	Aes ij. mit.

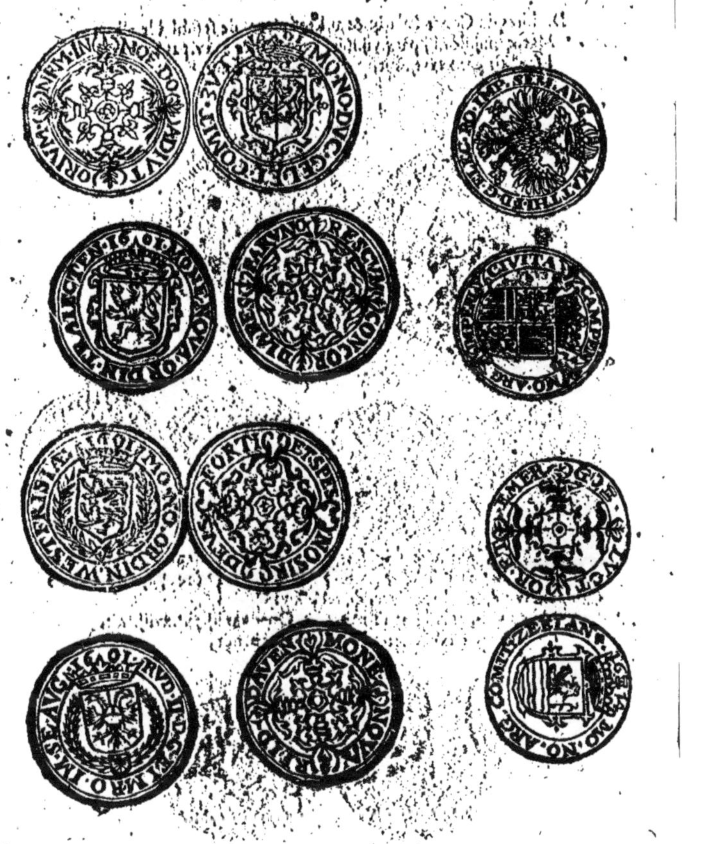

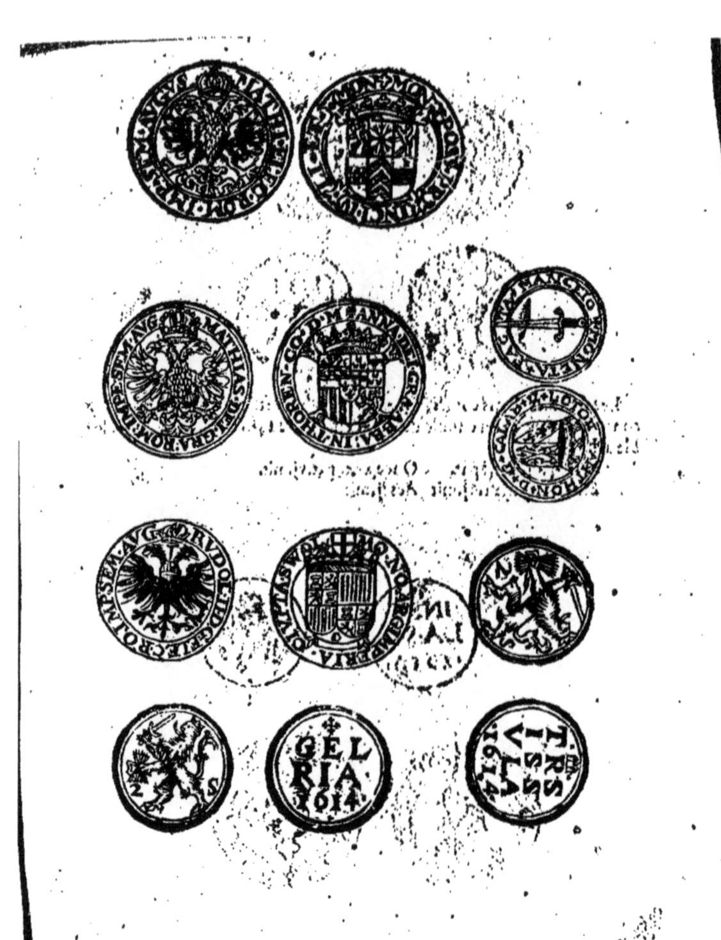
GEL
RIA
1614

Les doubles patars contrefaicts à Steuens-vveert, les Testons de Sauoye contrefaictz auecq vn estoille dessous l'effigie, & aultres pieces de semblable alloy;

Marcq xij. flor. i. pat. Once xxx.. pat. vj. mit.
Estrelin i. pat. xxiiij. mit Aes ij. mit

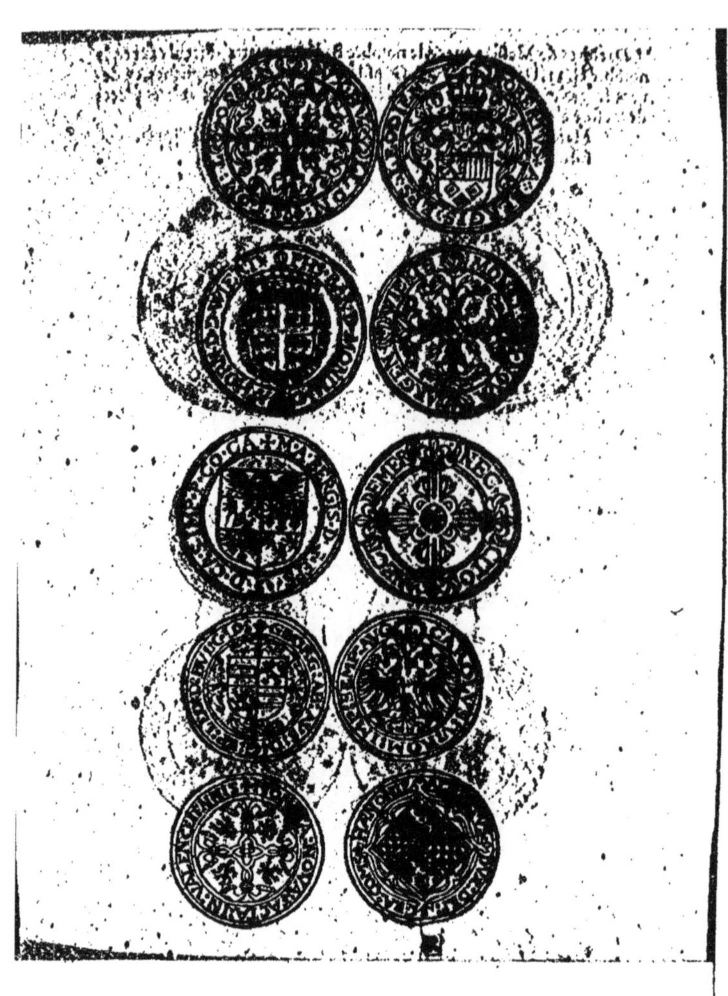

Daeldres de Messera aueca le nombre B. 18. & quartz d'iceulx aueca le nombre G. 21. Daeldres de Scip. Gons. les aultres solz ou Snaphanes cy deuant forgez es Prouinces vnies, les demy Ernestus de Liege & aultres pieces de mesme alloy.

Marca xi. don. xi. pat. xi. mite. Once xxviii. pat. xliii. mite.
Estrelin i. pat. xxi. mite. As ii. mite.

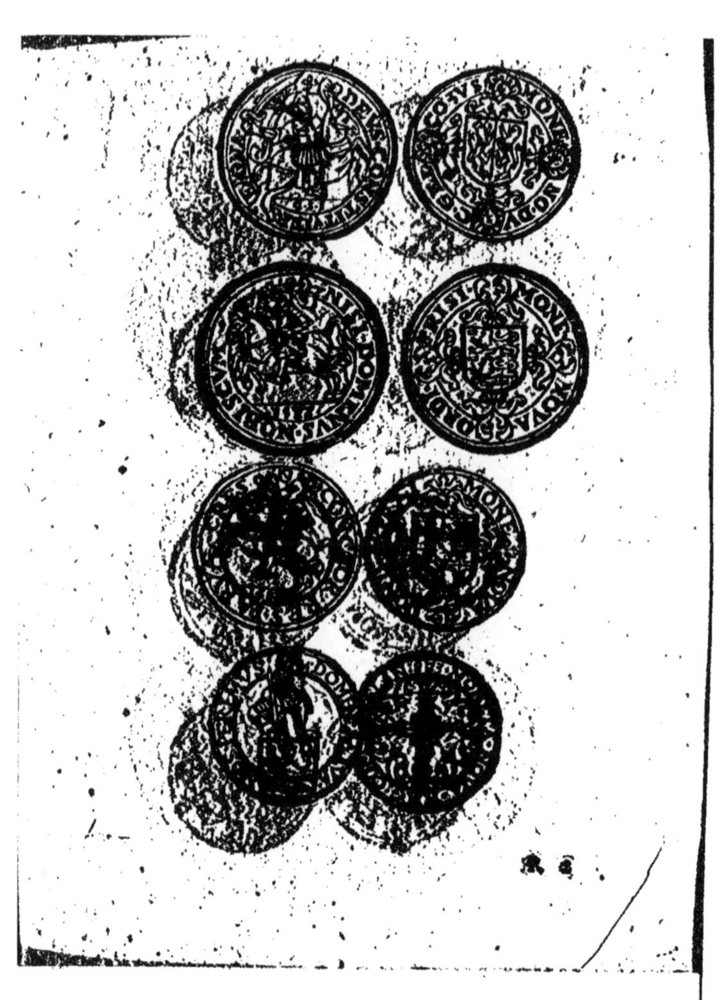

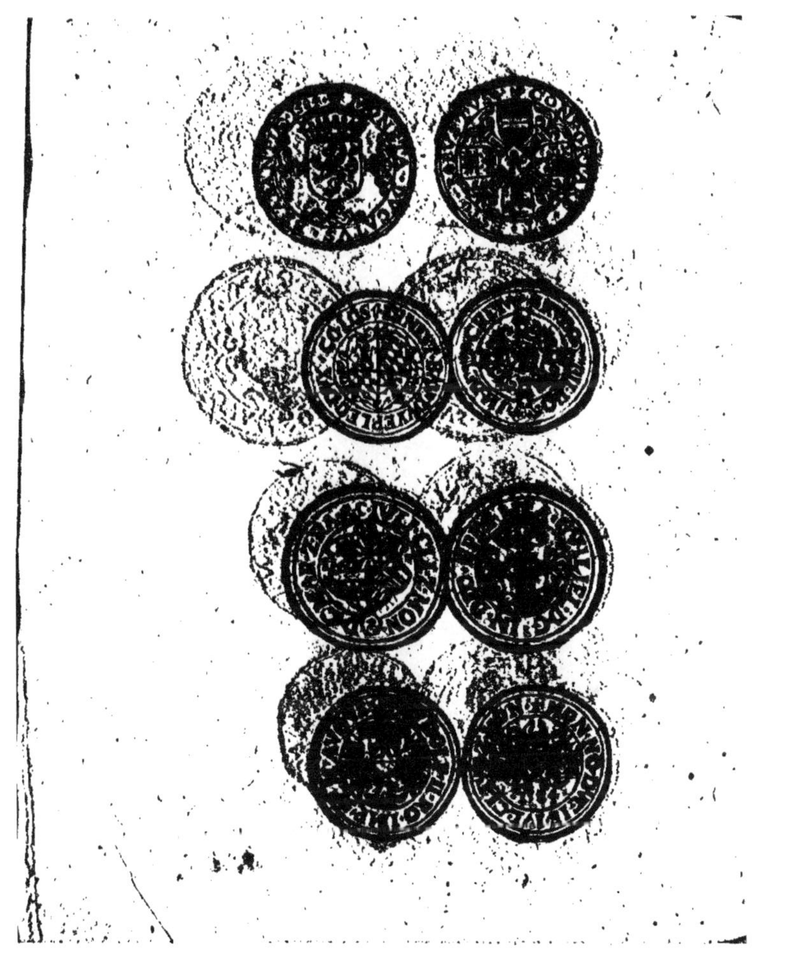

Daeldres de Ant. Mar. aultres Quart d'Escuz de Bourbon contrefaictz, les vieux braspenninckx & aultres pieces de semblable alloy:

Marcq xj. den. [illegible] Once [illegible] par. xxxij. mit.

Estrelin j. par. viij. mit. [illegible]

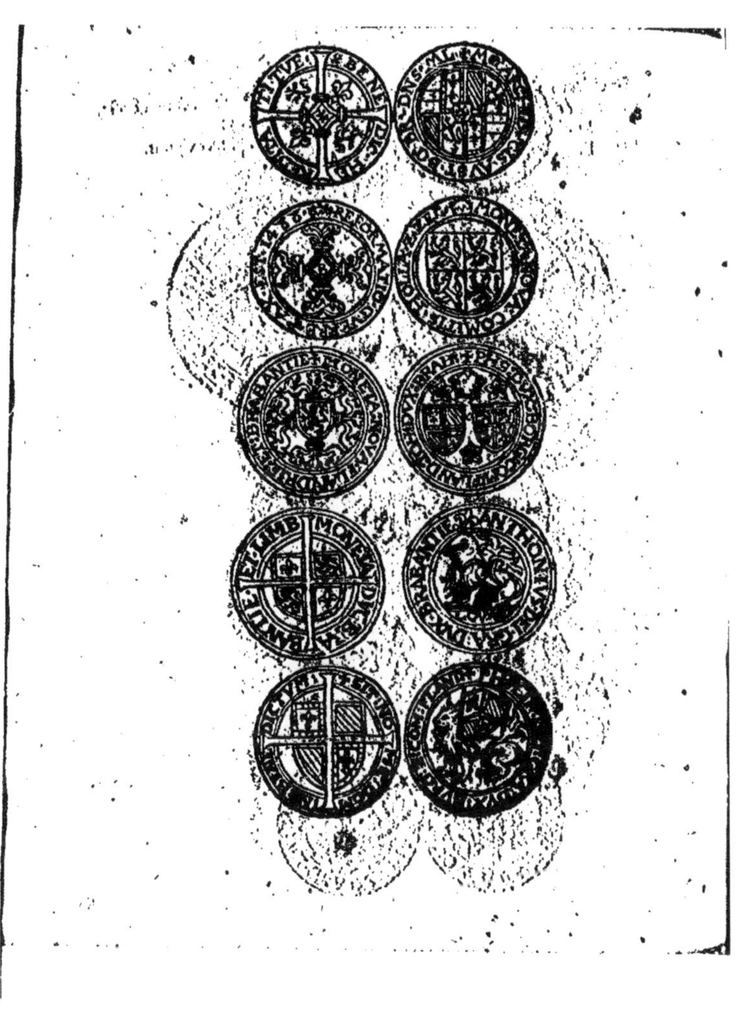

Les vielles pièces de trois gros & aultres de mesme alloy:

Marc xj.flor.i.pat.xxij.mit. Once xxvij.pat.xxxij.mit.

Estrelin i.pat.xviij.mit. Aes ij.mit.

Aultres Daldres de Messera & [illegible] Ans Mar. & [illegible] d'iceulx, Daldres d'Origenis, & aultres pieces de tel alloy:

Marcq x. flor. viij. pat. xxj. mit.	Once xxvj. flor. ij. mit.
Estrelin i. pat. xiiij. mit.	Aes [illegible]

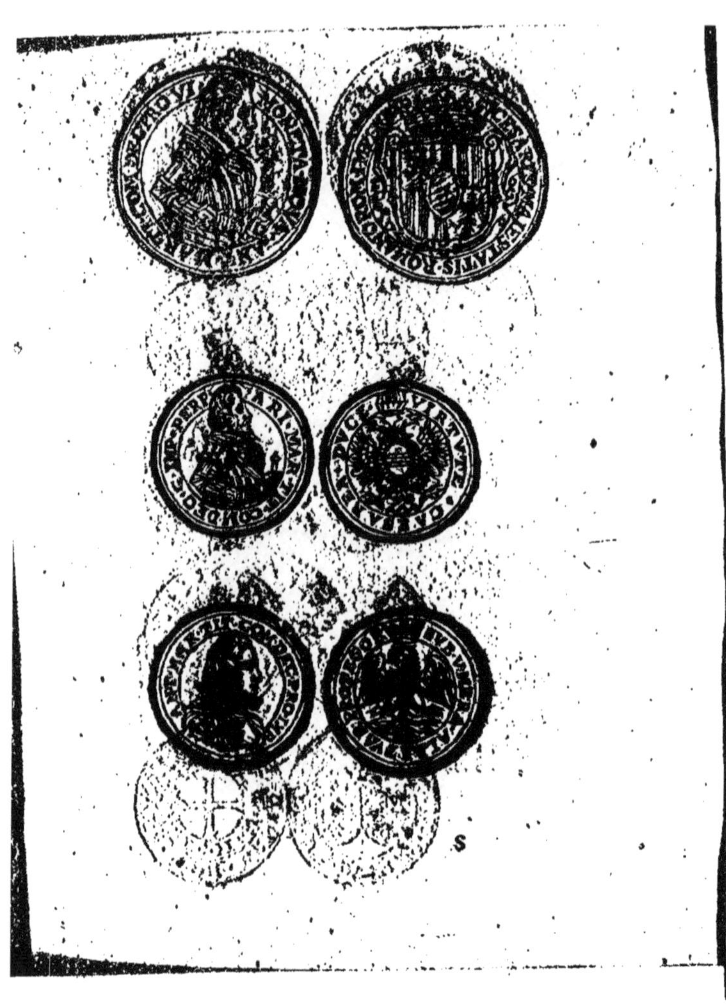

S

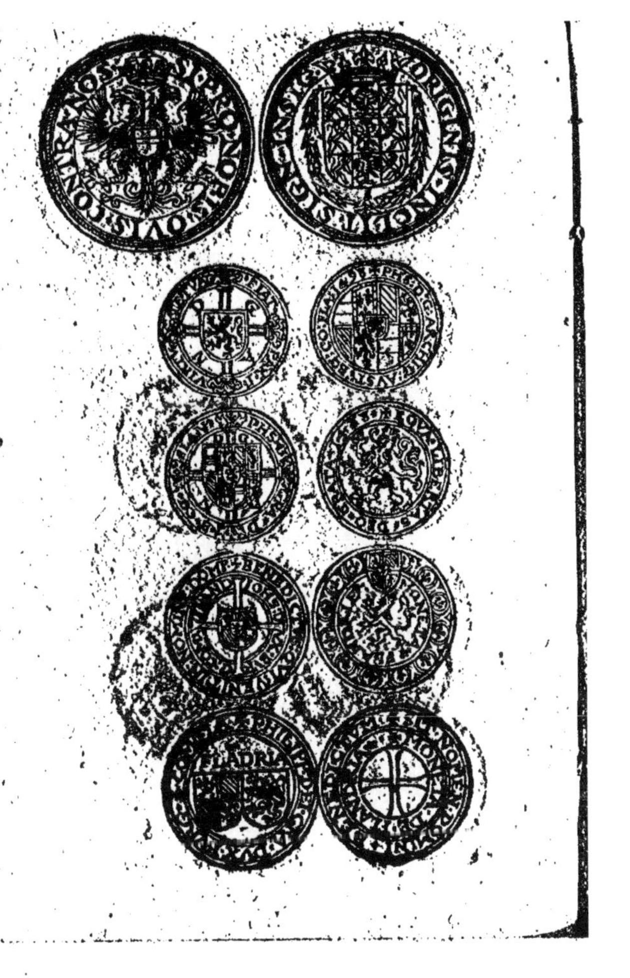

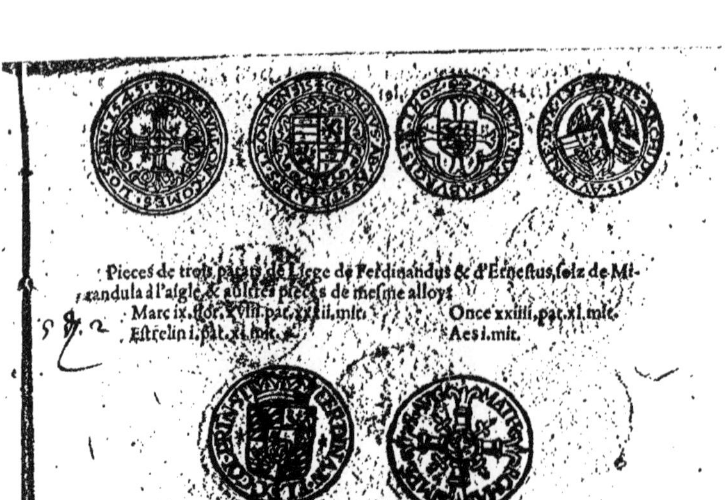

Pieces de trois patars de Liege de Ferdinandus & d'Ernestus, solz de Mirandula a l'aigle, & aultres pieces de mesme alloy.

Marc ix. flor. xviii. pat. xxiii. mit. Once xxiiii. pat. xl. mit.
Estrelin i. pat. xi. mit. Aes i. mit.

Le vingtiesmes & quarantiesmes des Philippus Daldres, les huictiesmes & seiziesmes des Florins Albertus, les pièces de quatre patars, & aultres de tel alloy:

Marcq ix. flor. xii. pat. vii. mit. Once xxiiij. pat. i. mit.
Estrelin i. pat. ix. mit. Aes j. mit.

Les pieces de cincq gros aux fleches, & aultres des Prouinces vnies, & les pieces de quatre patars de Liege à l'aigle:

Marc ix.flor.viij.pat.xliij.mit. Once xxiij.pat.xxix.mit.
Estrelin i.pat.viij.mit. Aes i.mit.

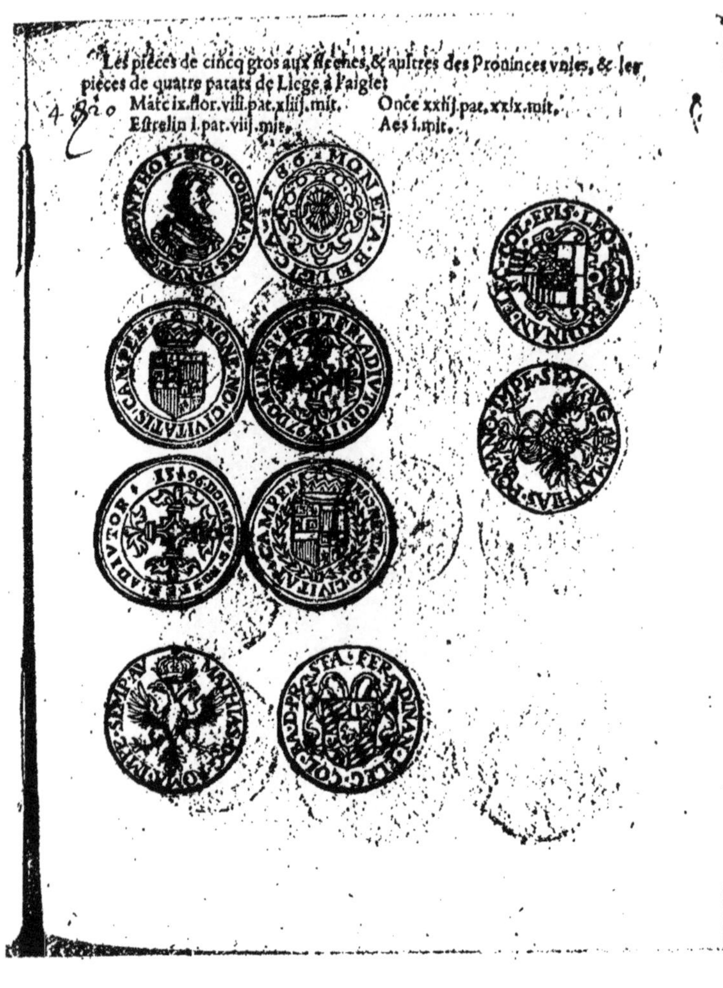

Les vieux demy fusicqz les demy reales & quarts au fusicq, Testons de Metz à l'aigle, & aultres pieces de mesme alloy.

Marcq ix.flor, ij.pat, xviij.mit. Once xxij.pat.xxxviij.mit.

Estrelin i.pat, vj.mit. Aes i.mit.

Aultres solz de Campen à l'aigle, & aultres pieces de tel alloy.

Marcq viii flor. xv. pat. xlii. mit. — Once xxj. pat. xlvij. mit.

Estrelin i pat. iiii. mit. — Aes i. mit.

Les vieux demy braspenninex, les pieces de six blans de Neuers, & les doubles patars de Liege Ferdinandus & Ernestus.

Marcq viii. flor. vj. pat. v. mit. Once xx. pat. xxxvj. mit.
Estrelin i. pat. i. mit. Aes i. mit.

Aultres Solz de Mets [illegible] & les testons de Symis Austriacus contrefaicts apres [illegible] d'Allemaigne [illegible]

Marc q vii [illegible] xii p [illegible] xviii [illegible] Once [illegible] xlv mit.

Estrelins [illegible]

Les patars & demy patars de l'Estat forgez pardeça anno 1577. les doubles patars dernierement forgez pardeça, & aultres sols a l'aigle d'Ant. Mans,

Marcq [illegible] Once [illegible]

Esterlin [illegible] As [illegible]

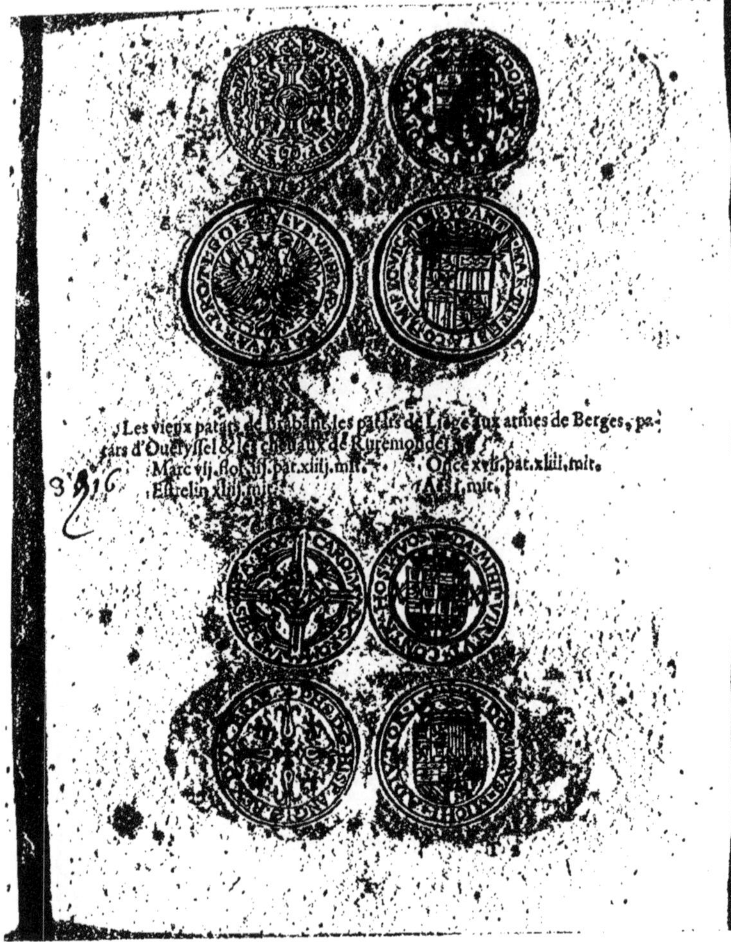

Les vieux patars de Brabant, les patars de Liege aux armes de Berges, patars d'Ouerysſel & les cheuaux de Ruremonde.

Marc vij. flor. iiij. pat. xliiij. mit. Once xvij. pat. xliii. mit.

Esterlin xliiij. mit. As ij. mit.

Les vieux patars de France, les patars de Cambray, & aultres pieces de tel alloy;

Marcq vi. flor. xi. pat. xiij. mit. — Once xvi. pat. xxiij. mit.

Estrelin [illegible] mit. — Aes i. mit.

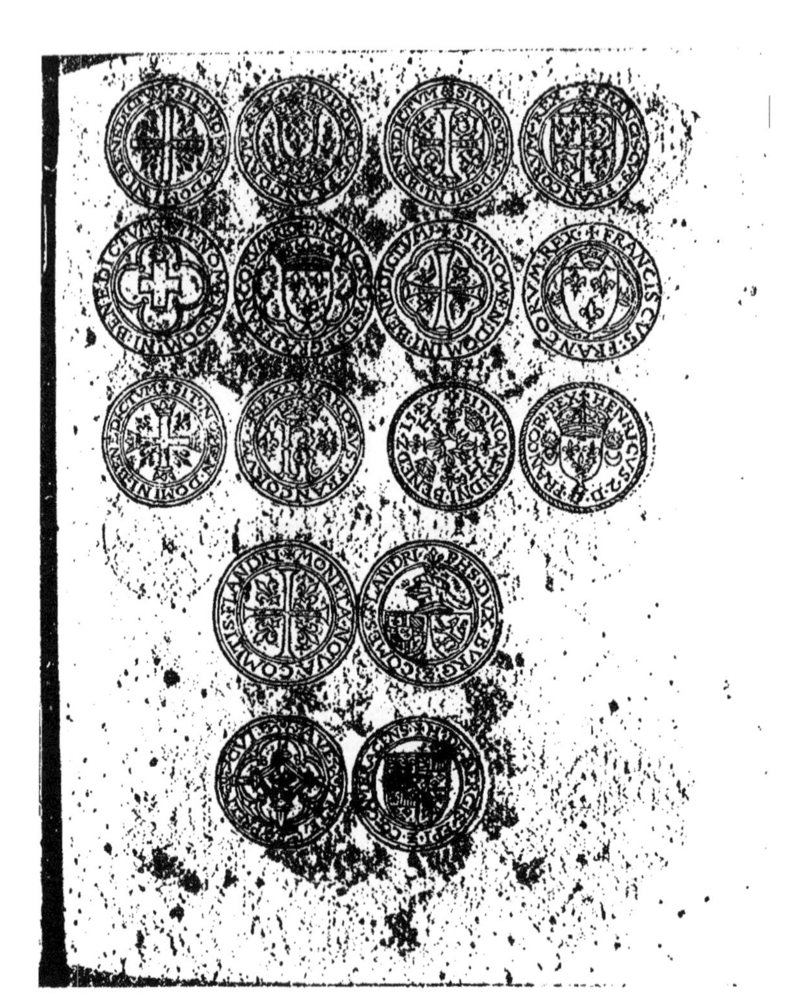

Les vieux demy patars, les patars dernierement forgez par deça, & les patars forgez en Zelande & à Vtrecht à la maniere de ceulx des Estatz.

Marc v. flor. xiij. pat. xlvij. mit. Once xiiij. pat. xij. mit.

Estrelin xxxiiij. mit. As [illegible] mit.

Les patars de Liege [illegible]

Marcq v. flo. xij. pat. [illegible] Once xiiij. pas. ij. mit.

Estrelin xxxiij. mit. As [illegible] mit.

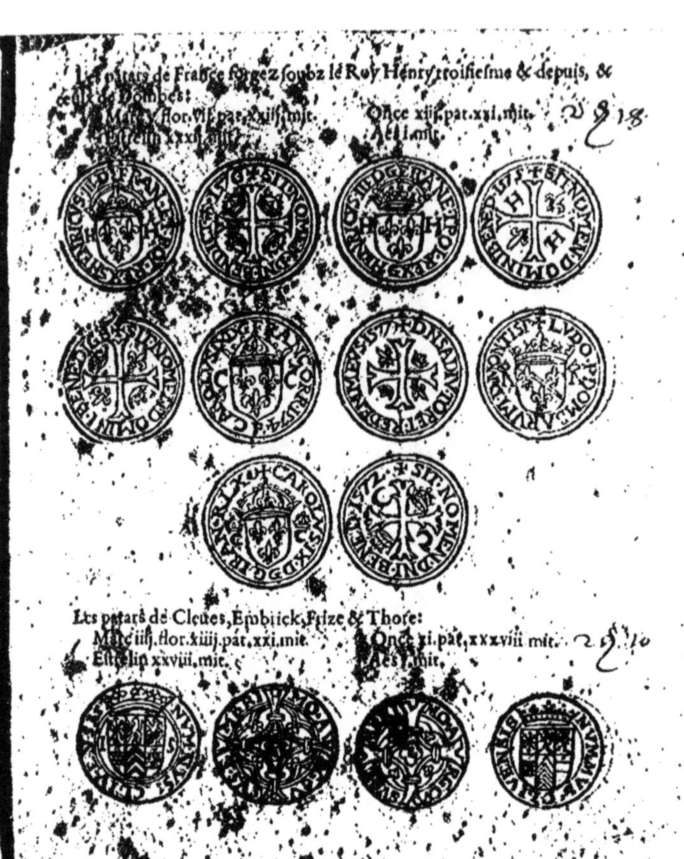

Les patars de France forgez soubz le Roy Henry troisiesme & depuis, & ceulx de Dombes:

Marc v. flor. vij. pat. xiiij. mit. Once xiij. pat. xxi. mit.

Esterlin xxxj. mit. Aes i. mit.

Les patars de Cleues, Embrick, Frize & Thore:

Marc iiij. flor. xiiij. pat. xxi. mit. Once xi. pat. xxxviii. mit.

Esterlin xxviii. mit. Aes [illegible]. mit.

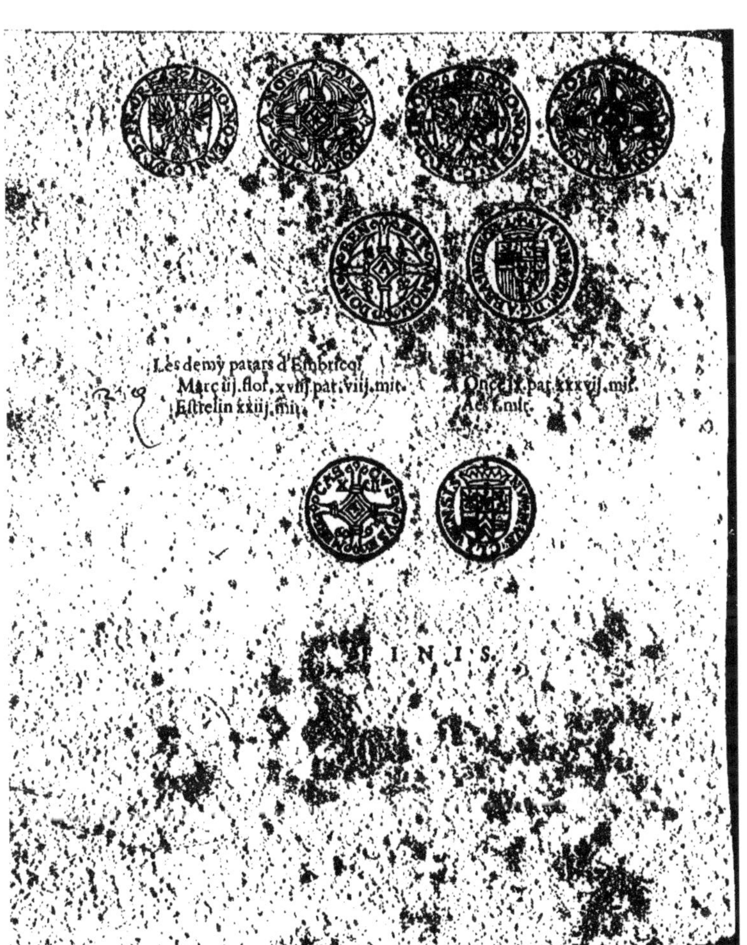

Les demy patars d'Embricq.

Marc iij. flor. xviij. pat. viij. mit. Once ix. pat. xxxvij. mit.

Estrelin xxiij. mit. Aes [illegible] mit.

F I N I S.

www.ingramcontent.com/pod-product-compliance
Ingram Content Group UK Ltd.
Pitfield, Milton Keynes, MK11 3LW, UK
UKHW020149200726
13856UKWH00003B/912